Giovanni Nigro

GAETANO SALVEMINI

Scuola, Politica, Storiografia e Federalismo

Prefazione di
Prof.ssa Vitulia Ivone
Dott. Gabriele Aversano

Introduzione di
Alfonso Liguori

paguro
edizioni

EDIZIONI PAGURO
info@edizionipaguro.it
www.edizionipaguro.it
Via Ferrovia, 70
84085 Mercato S. Severino (SA)
Tel. 089 821723

cod. ISBN 978-88-99509-30-9

I Edizione
Marzo 2017

Progetto Grafico
AdRepublic | Mercato S. Severino (SA) | Contatti: +39 328 9670221

Impaginazione & Stampa
T. Ke.Da.Na. | Mercato S. Severino (SA) | Contatti: +39 089 821723 / www.kedana.com

Ai miei genitori, Insegnanti Giuseppe Nigro e Vincenza Maestro,
che per cinquant'anni hanno esercitato il proprio magistero
nella Scuola Elementare pubblica

Premessa

Il presente lavoro è mirato alla ricostruzione della complessa ed autorevole figura di Gaetano Salvemini, dai primi anni del XX secolo sino alla morte, intervenuta nel 1957. Si è premesso un breve profilo biografico: poi si è passati all'uomo politico, alla chiarificazione di come la sua concezione pedagogica fosse tutt'uno con la sua visione politica; si sono esaminati, successivamente, il suo federalismo e le "atipiche" soluzioni pensate per la questione meridionale. E — più inoltre — si è analizzato il suo concetto di democrazia, caratterizzato dall'antitesi democrazia-dittatura, il suo successivo sbarco sui lidi moschiani, la sua storiografia politica.

Senza dimenticarsi delle critiche a Giolitti, del tormentato rapporto con il Partito Socialista, dell'impegno antifascista, del gradito "soggiorno americano".

E con un occhio — naturalmente — al polemista ed all'indiscusso maestro.

Indice

PREMESSA 5

PREFAZIONE – *Tradizione e modernità in Gaetano Salvemini* 9
Percorsi cognitivi 11

INTRODUZIONE 15

CENNI BIOGRAFICI 23

CAPITOLO I – *La "questione pedagogica" come "questione politica"* 31
§ 1.1. Premessa 35
§ 1.2. La Federazione Nazionale Insegnanti Secondari 41
§ 1.3. Il "Progetto di Riforma" della Commissione Reale 44
§ 1.4. Il "Concetto di laicità": il dissidio con Giovanni Gentile 50
§ 1.5. La dottrina della libertà. Discrasia con la concezione gentiliana 53
§ 1.6. Rapporto tra scuola e società: l'autonomia dell'istituzione scolastica 54

CAPITOLO II – *Federalismo e questione meridionale* 57
§ 2.1. I primi segni del federalismo di Salvemini: le idee mutuate del federalismo di Cattaneo 61
§ 2.2. Formulazione del modulo federalista: l'autonomia del comune come cellula idealtipica 64
§ 2.3. Disegno federalistico e questione meridionale 66
§ 2.4. La fase matura del federalismo di Salvemini: il filtro dell'esperienza antifascista 70
§ 2.5. Conclusioni 73

CAPITOLO III – *La democrazia di Salvemini: il posteriore approdo ai "lidi moschiani"* 79
§ 3.1. L'antifascismo di Salvemini: i rapporti con la «Concentrazione antifascista» e con «Giustizia e Libertà» . 83
§ 3.2. Gaetano Salvemini: il concetto di «democrazia» 90
§ 3.3. Gaetano Salvemini: la sua adesione all'Elitismo 98
§ 3.4. La concezione elitistica di Gaetano Salvemini 101
§ 3.5. Salvemini l'"Americano" 104

CAPITOLO IV – *La storiografia di Salvemini* 109
IL "MAESTRO" SALVEMINI 127
BIBLIOGRAFIA 133
Opere di consultazione generale 135
Opere di argomento vario consultate per la redazione dei singoli capitoli 138
Per la redazione del Capitolo I 138
Per la redazione del Capitolo II 139
Per la redazione del Capitolo III 139
Per la redazione del Capitolo IV 141

Prefazione

Tradizione e modernità in Gaetano Salvemini

Percorsi cognitivi

Quando dalle soglie dell'editoria italiana ci viene incontro un nuovo titolo, e si è legati-condizionati da una formazione classica e dal "tipico" retroterra e orientamento che essa comporta, la prima reazione non può non risolversi in un dubbio interrogante, e, *si licet*, di manzoniano retaggio: il libro che Giovanni Nigro ha stampato sarà davvero *utile*, allo stato delle indagini storiografiche e delle tendenze culturali più recenti? E può esserlo anche oltre il provvisorio della sua datazione?

Ove il riscontro a una domanda del genere dopo un'attenta disamina vertesse nel positivo, occorrerà procedere alla dimostrazione, e alla valutazione della sua "necessità" e dei relativi meriti. E qui, entrando nello specifico, cominceremo dall'intestazione, che dichiara l'oggetto nominale dell'argomentare: Gaetano Salvemini.

Gran coraggio, vien di pensare, considerando il numero delle pagine che Nigro ci offre, e che non è copioso di fronte alla vastità della produzione di questo autore e al cumulo bibliografico che su di essa è montato (e che egli conosce e riporta nelle linee principali in coda alla trattazione): stante un largo interesse alle tesi del molfettese già tra i contemporanei e sin dagli scritti giovanili, e poi lungo il secolo scorso fino ai nostri giorni.

Ma un tale sospettabile scompenso, alla prova dei fatti, lungi dal prender quota e comportare dei limiti nella valutazione, costituisce a nostro avviso la prima delle buone carte riconoscibili all'autore. Indubbiamente l'occhio che impatta solo il "quantitativo" porterebbe a immaginare — trattandosi di libro, e non di articolo su singolo aspetto o problema critico — un *excursus* collocabile più o meno nel genere del "trattatello in laude", una variante di relato commemorativo, gradevole se mai, ma non certo di peculiare implicanza.

Niente di tutto questo, invece, viene a giorno. E d'altro canto discorrere *in toto* di Salvemini con finalità di trattatistica diegetica a vasto raggio, a pieni polmoni, non sarebbe stato molto difficile: giacché un simile impegno non presenta, con evidenza, particolari difficoltà se non quella che incontra ogni lavoro di scrupolosa compilazione: difficoltà che invece insorgono per chi adopera e si costringe a *dicer poco*.

Questa la via, di *reductio* dei termini propositivi, che Giovanni Nigro imbocca, in rapporto allo scopo della "utilità" che da una simile opzione può scaturire, nella temperie che stiamo vivendo. Egli ha ascoltato il suono della nostra contemporaneità, e s'è fatto consapevole che riproporre Salvemini nel generale non avrebbe senso, ma ne avrebbe molto quando lo si approcciasse con più pagante discrimine, fino a prendere una specifica direzione di marcia: quella che valorizza la sua riflessione su tematiche eminenti al suo tempo, e tornate tali e sempre più scottanti ai nostri giorni, e in quanto ritrova e rilancia messaggi che non gli appaiono abbastanza rilevati nelle imprese critiche di più ampio disegno, dalle quali la sua trattazione pure chiaramente e lungamente attinge.

Ora è ben reputabile che le politiche dei governi succedutisi nell'Italia della cosiddetta terza Repubblica non siano state delle più proficue, alla luce dei risultati raggiunti; e c'è di che pensare invece che abbiano piuttosto trascurato, o retoricizzato, o male interpretato l'entità di alcune problematiche capitali, che incrociandosi investono i livelli regionali e insieme dell'intera nazione: specialmente i problemi della scuola e del Mezzogiorno. Queste appunto sono le prime prospettive di ricerca che Nigro inquadra nell'opera di Salvemini, e che dopo un breve profilo biografico dipana, e difende dal datismo e dall'appannamento, non dandosi a compendiare, ma attraversando il *totum* dei suoi scritti, e documentandone i punti della modernità, in modo da convogliare successivamente quelli non meno cardinali della libertà e della laicità e i possibili orizzonti e valori della democrazia, nelle teoresi e nei processi storici: del resto ventilati da Salvemini non astrattamente, ma guadagnati — come è noto — sul campo, da uomo del Sud, con una visione e una militanza contrarie ad ogni forma di dittatura, e costantemente vigili agli effetti delle opposte ideologie, così del conservatorismo cattolico come del marxismo.

Un attraversamento che avviene con passo deciso e con fermezza speculativa, ancorata alle basi storiche e alle fonti maggiori, che Nigro riconosce principalmente — nel solco di una tradizione da lui correttamente interrogata — nell'idealismo mazziniano e nel federalismo di Carlo Cattaneo, e con rilevazione delle dialettiche più accese (quella con Gentile in modo più sensibile) che risultano ancora tutt'altro che indegne di riassunzione e di dibattito. La sua bussola indica, senza deviazioni parentetiche o pause di alcun genere, l'obiettivo più suo: che è di portare alla conoscenza dei lettori, e a un interessamento il più largo possibile, brani e luoghi di Salvemini particolarmente incisivi e allettanti. Con prelievi dal campo segnatamente "pedagogico", ma senza esclusione di quelli ricavabili dalla produzione che impegna la sua personalità unitaria di storico, di politico e di filosofo della storia, strumentali ad ogni proposito di rinnovamento e processo di "elevazione", economica e ideale: elevazione che nei concetti di questo autore - presi e sottolineati da Nigro con continue e abbondanti citazioni - sempre è indispensabile che rampolli da una forte radice etica.

Diremmo infine che Giovanni Nigro, per un'adesione elettiva non solo alla figura dell'intellettuale e del cittadino, ma anche a quella dell'*uomo* Salvemini — simpatia che ben si percepisce (quantunque sempre e unicamente e pudicamente sottesa) — si pone al tempo stesso in dialogo felice e fattivo con ogni buona coscienza d'oggi, sia o meno di scrittore e di operatore culturale.

Tutto questo anche grazie all'adozione d'uno stile preciso ed essenziale, che ha del "personale" e realizza una sorta di correlativo oggettivo delle remore che Nigro frammette ad ogni facile inclinazione encomiastica: perché egli non si preclude a rilievi seri, come, ad esempio, quello sui modi impropri con cui Salvemini traccia la differenza tra liberalismo e democrazia. Ci imbattiamo in una scrittura che procede senza indugi e senza coloriti, tendenzialmente ellittica, dante per sottintese ed implicite le cognizioni di base, e all'uopo finanche con omissione delle giunture tra i periodi (che appaiono peraltro distanziati anche tipograficamente), e spesso con l'affidare a chi legge la ricostruzione del filo logico che li unisce: una sorta di "parlato" per appunti, e un invito, si direbbe, a "non sprecar fiato", e ad andare ogni volta al sodo, senza sperpero di parole e d'inchiostro.

[Vitulia Ivone] ***Professore Associato***
Dipartimento di Scienze Giuridiche (Scuola di Giurisprudenza)
Università degli Studi di Salerno

[Gabriele Aversano] ***Ricercatore***
Dipartimento di Scienze Giuridiche (Scuola di Giurisprudenza)
Università degli Studi di Salerno

Introduzione

Questo libro di Giovanni Nigro va apprezzato, non solo perché descrive puntualmente la biografia intellettuale di Gaetano Salvemini — una delle figure più chiare e nobili del pensiero liberale e antifascista italiano — ma anche perché ne mette in luce le originali posizioni teorico-politiche nell'alveo del *c.d.* liberalsocialismo. Si tratta di quel *côté* formatosi nella temperie del primo Novecento, entro cui si affermarono intelligenze e individualità — si pensi a Bobbio, Gobetti, Cattaneo, i fratelli Rosselli, lo stesso Calamandrei — centrali per la maturazione della cultura liberaldemocratica italiana e, forse, europea.

Nel libro si rileva di Salvemini, con acume, il nesso tra politica e pedagogia, ove emerge nitidamente la questione della laicità (e della libertà) dell'insegnamento: la polemica con Giovanni Gentile, filosofo hegeliano, è sotto questo profilo esemplare. Per Giovanni Gentile, portato dall'hegelismo alla teorizzazione dello Stato etico, l'insegnamento deve comportare una tendenziale adesione dell'alunno alla pedagogia del maestro. In questo quadro, l'insegnamento è una funzione dello Stato, comportante la formazione spirituale degli allievi, dove al momento filosofico si accompagna quello *religioso*. Con Salvemini, invece, si applica un approccio più laico e liberale: "*[...] laicità è (...) la capacità di far nascere nell'animo degli alunni ideali di libertà e di progresso, mediati dal vaglio critico con ideali e sistemi di valori diversi e dalle dichiarazioni programmatiche della matrice ideologica dell'insegnante*". Coerentemente, in Salvemini si sostiene il principio dell'autonomia della Scuola da ogni potere istituzionale; la scuola era, in tal senso, prodotto della società e non "*produttrice di essa*".

Su questi temi Nigro si sofferma con acribia, lumeggiando, in modo asciutto, anche il cammino storico di quelle vicende che portarono poi — entro il regime fascista — al varo della riforma Gentile della scuola (1923).

Il liberalismo salveminiano, ci ricorda Nigro, si arricchisce altresì dell'adesione al federalismo, ottimamente rappresentato dalla versione di Carlo Cattaneo. La forza politica delle autonomie locali — le città, i comuni — in questo quadro, avrebbe costituito un antidoto efficace al centralismo amministrativo, al parlamentarismo e alla burocrazia dei partiti.

Com'è noto, Cattaneo fu sostenitore, altresì, d'un governo federale, sul modello di quello svizzero o americano: e in questo era seguito dal Salvemini. Invero, lo studioso pugliese riteneva che, con l'attuazione graduale del federalismo, si sarebbe superato lo Stato unitario senza dar luogo ad una "*rivoluzione politico-amministrativa*". Soprattutto, come evidenziato da Nigro, le stesse riflessioni meridionaliste di Gaetano Salvemini si giovano della prospettiva federalista: proprio nella "*federazione repubblicana*" si sarebbe risolta la questione meridionale, nella misura in cui il proletariato agricolo del Mezzogiorno, divenuto democraticamente "padrone" degli enti locali, fuori dall'accentramento amministrativo, si sarebbe portato al livello del proletariato settentrionale.

Anche in senso antifascista il federalismo gioca in Salvemini un ruolo strategico: l'adesione dell'autore a *Giustizia e Libertà* — fondata insieme a Lussu, Carlo Rosselli e Nitti — comporta di considerare il regime fascista come esperienza d'un fallimentare centralismo, in guisa da saldare il federalismo stesso con l'opzione antifascistica. Su questo, Nigro si sofferma appropriatamente, segnalando il ruolo del Salvemini antifascista anche dall'esilio.

L'antifascismo, come evidenziato da Nigro, è una chiave di lettura fondamentale per la comprensione etico-politica del pensiero e dell'azione di Salvemini. Da deputato — eletto nel 1919 — Salvemini si schierò contro Mussolini; firmò nel 1925 il *Manifesto degli intellettuali antifascisti* di Benedetto Croce. Nella temperie del regime, in accordo con gli altri di *Giustizia e Libertà,* si evidenzia il carattere liberale e interclassista dell'antifascismo salveminiano: per l'autore pugliese l'antifascismo non è questione di classe, ancorandosi a una "libertà morale" che prescinde da precise collocazioni economico-sociali. Sebbene molto lontano da simpatie socialiste o leniniste, Salvemini si adoperò contro ogni mitologia fascista: il regime mussoliniano non costituì affatto una reazione ai tentativi rivoluzionari e comunisti del "biennio rosso", ma fu autonomamente promosso con la complicità della monarchia — in chiave corporativa, autoritaria e reazionaria.

Per Salvemini, in ogni caso, come chiarisce Nigro, l'avvento del fascismo, diversamente da quanto opinato dai socialisti riformisti Turati e Treves, non era dovuto all'irrompere del primo conflitto mondiale con le sue perniciose conseguenze sull'ascesa del movimento operaio: in Italia, nella tesi salveminiana, si giunse al regime a causa, principalmente, delle debolezze dei partiti e del sistema politico albertino.

All'antifascismo, ricorda Nigro, si unisce una concezione peculiare della democrazia: essa si radica in una *visione empirica* "relativistica", per cui, rifuggendosi da verità politiche assolute, si portano avanti le proprie idee con forza e idealità, ma pronti a riconoscere i propri errori. A ciò si contrappone la dittatura, la quale poi scaturirebbe da una visione metafisico-teologica: in base a questa, si segue una verità assoluta etero-diretta che si pretende di imporre a tutti, anche a coloro che non l'accettano. Chiara la scelta relativistico-democratica del Salvemini, donde la sua avversione a ogni "dittatura del proletariato"; invero l'autore riteneva legittima soltanto una temporanea "dittatura della libertà" e solo per compendiare il passaggio dal fascismo ad un "regime democratico". E l'autore prendeva così sul serio la democrazia da distinguere le istituzioni democratiche dagli ideali "sostanziali" democratici: una politica autenticamente democratica, fermi restando gli "universali procedurali" deve perseguire anche gli ideali della democrazia come, ad esempio, l'egualitarismo: per questo, Salvemini osteggiava chi, nei partiti operaisti, "derideva" la democrazia identificandola con il mero momento istituzionale.

In questo senso, Salvemini si rivelava un liberaldemocratico, o addirittura liberalsocialista: la democrazia era un'estensione del liberalismo, l'allargamento, a tutti, dei diritti soggettivi, inclusi quelli di partecipazione politica.

Interessante il luogo del libro ove Giovanni Nigro si sofferma sull'adesione salveminiana all'elitismo di Gaetano Mosca. Il pensatore pugliese opta per la teoria moschiana, evidentemente, per esigenze di realismo politico, secondo un approccio descrittivo-scientifico circa la natura e l'organizzazione del potere politico, entro le moderne società; senza che l'opzione elitistica stessa sfoci necessariamente in quel conservatorismo ideologico, che pure finì poi per caratterizzare, com'è ben noto, l'elitismo italiano. Nigro sottolinea che in Salvemini l'adesione alla teoria elitistica non contraddiceva, sostanzialmente, la visione democratica: in tal caso, gioca l'elitismo del "secondo Mosca", per cui conta la possibilità del controllo sull'oligarchia effettivamente governante che, in un regime democratico, i consociati possono liberamente esercitare. La chiave è data dall'estensione, in democrazia, dei diritti politici a tutti, indistintamente; all'opposto, nei regimi autoritari o totalitari il governo, necessariamente oligarchico, è privo di controllo e nega i diritti individuali. Qui emerge il *realismo salveminiano* contro le utopie della "sovranità popolare", e contro ogni concezione etica o organicistica delle istituzioni "democratiche". E tuttavia emerge anche, a nostro avviso, uno scivolamento ideologico di tipo "moderato" che sembra in attrito con gli intenti genuinamente democratici dell'autore pugliese.

Nell'ultima parte del testo, Nigro descrive le vicende del "Salvemini americano". Com'è noto, ancora durante il fascismo, dopo l'arresto e l'amnistia, Salvemini rifugiò in Francia, per poi approdare in Gran Bretagna e, infine, negli Stati Uniti d'America.

Quivi divenne professore all'Università di Harvard, conseguendo la cattedra di Storia della civiltà Italiana; e col suo magistero chiarì la portata e il pericolo del fascismo italiano anche oltre oceano. Sarebbe tornato poi in Italia nel 1949, riprendendo l'insegnamento all'Università di Firenze.

Salvemini vide negli Stati Uniti – forse con generosità idealistica – l'"idealtipo" del regime democratico e plaudì al presidente Wilson, la cui scelta di partecipare al primo conflitto mondiale si risolveva in una sorta di "guerra per la pace" (ma anche "per la libertà e il diritto"). Gli Stati Uniti d'America, "campioni di liberaldemocrazia", avrebbero sconfitto, finalmente, il nazionalismo oppressore. Negli anni successivi, come ci ricorda Nigro, in particolare nel frangente della "Grande depressione" del 1929, Salvemini non approntò, forse, riflessioni adeguate, essendo integralmente impegnato a sostenere Roosevelt, considerato come l'ipotetico liberatore dal giogo fascista italiano.

Con la seconda guerra mondiale, Salvemini, a fronte dell'interventismo italiano particolarmente contro la Grecia fu spinto, anche in chiave polemica, ad assumere la cittadinanza statunitense. Opportunamente, Nigro evidenzia come quella scelta salveminiana, nient'affatto antiitaliana, avrebbe semmai consentito al pensatore liberale di esercitare più liberamente il proprio ruolo critico e politico verso il fascismo. Ancora negli Stati Uniti, Salvemini fondò la *Mazzini Society*, con l'obiettivo di contrastare la propaganda fascista tra gli italiani d'America.

Dopo la guerra e la fine del fascismo, e con il superamento della monarchia, Salvemini finalmente comprese, almeno in parte, le pretese egemoniche anglosassoni e statunitensi sulla nostra Italia. L'autore cioè comprese che, anche a causa dell'influenza americana, gli ideali anche socialisti e radicalmente democratici espressi dalla Resistenza non avrebbero avuto buon gioco: sarebbe prevalsa, almeno in prima battuta, "la volontà delle forze moderate di avviare la ricostruzione del paese restaurando l'ordinamento capitalista".

Infine, nel capitolo IV, Nigro si occupa della "storiografia di Salvemini". In questa parte, soprattutto, Nigro descrive l'interessante confronto tra Salvemini e gli autori marxisti, ricordando le fondate critiche rivoltegli da Labriola e Gobetti. E tuttavia, Nigro ricorda il Salvemini assiduo e attento lettore delle opere di Marx e, specialmente, il saggio salveminiano "*Magnati e popolani in Firenze dal 1280 al 1295*", del 1899. Quest'ultimo saggio rappresenterebbe, invero, un avvicinamento dell'autore pugliese all'impostazione marxista, individuando i conflitti della Firenze medievale non, banalmente, come "risse" o faide familiari, bensì come l'espressione di autentiche "lotte di classe". In questo, come chiarisce Nigro, Salvemini fu "debitore" della lezione di Pasquale Villari, ma anche di Achille Loria. In particolare, Villari gli fece leggere il testo di Laveleye, *De la propriété et de ses formes primitives,* da cui Salvemini derivò l'idea che storicamente sono esistite società con "regime di proprietà collettiva", per cui la proprietà privata non sarebbe ineluttabilmente propria della "natura umana".

Il capitolo IV prosegue, poi, con brillanti accenni alle questioni del metodo e della storia in Salvemini, cui utilmente si rimanda il lettore.

Da ultimo, la chiusa del libro: una calorosa e, a tratti, struggente rievocazione del Maestro da parte dello studioso Ernesto Sestan.

In definitiva, il lettore avrà di fronte un testo molto ben scritto, filologicamente fedele e concettualmente denso: Nigro rende chiaramente l'idea del personaggio Salvemini, la cui vicenda biografica e intellettuale, peraltro, s'intreccia così bene con una parte importante della storia politica italiana.

Pertanto si invita ad approfondire l'ottimo testo di Giovanni Nigro: rende infatti merito del personaggio Gaetano Salvemini, di cui noi stessi ammiriamo il valore politico e intellettuale. Nel particolare periodo storico vissuto dall'autore pugliese, l'opzione liberale, aperta alla democrazia e alle istanze socialiste, gli faceva infatti onore, nella misura in cui collideva con l'incipiente regime fascista.

E la grandezza di Salvemini si evidenzia anche nella sua caparbia volontà di dialogo con la teoria comunista stessa, da cui pure — come ci ricorda Nigro — trasse motivi di riflessione e nuovi argomenti politici.

Indiscutibile, inoltre, il valore morale e culturale di Gaetano Salvemini. Nell'attuale frangente storico "postmoderno", segnato dal capitalismo globale, dalla crisi della politica democratica — e dello stesso *welfare* europeo —, il confronto con intellettuali come Salvemini è certamente indicativo. Se non altro, ci rappresenta l'importanza del pensiero critico, di una cultura civilmente impegnata che — a differenza della temperie novecentesca — sembra oggi, con lodevoli eccezioni, largamente scomparsa presso il ceto degli intellettuali.

Ed invero se, nell'Italia odierna, ci fossero ancora personaggi (e magari dirigenti) di quella caratura — nonostante il declino europeo e la globalizzazione —, si potrebbe forse donare un rinnovato vigore alla nostra stessa democrazia nazionale.

[Alfonso Liguori]
Avvocato e Dottore di ricerca in "Etica e filosofia politico-giuririca"

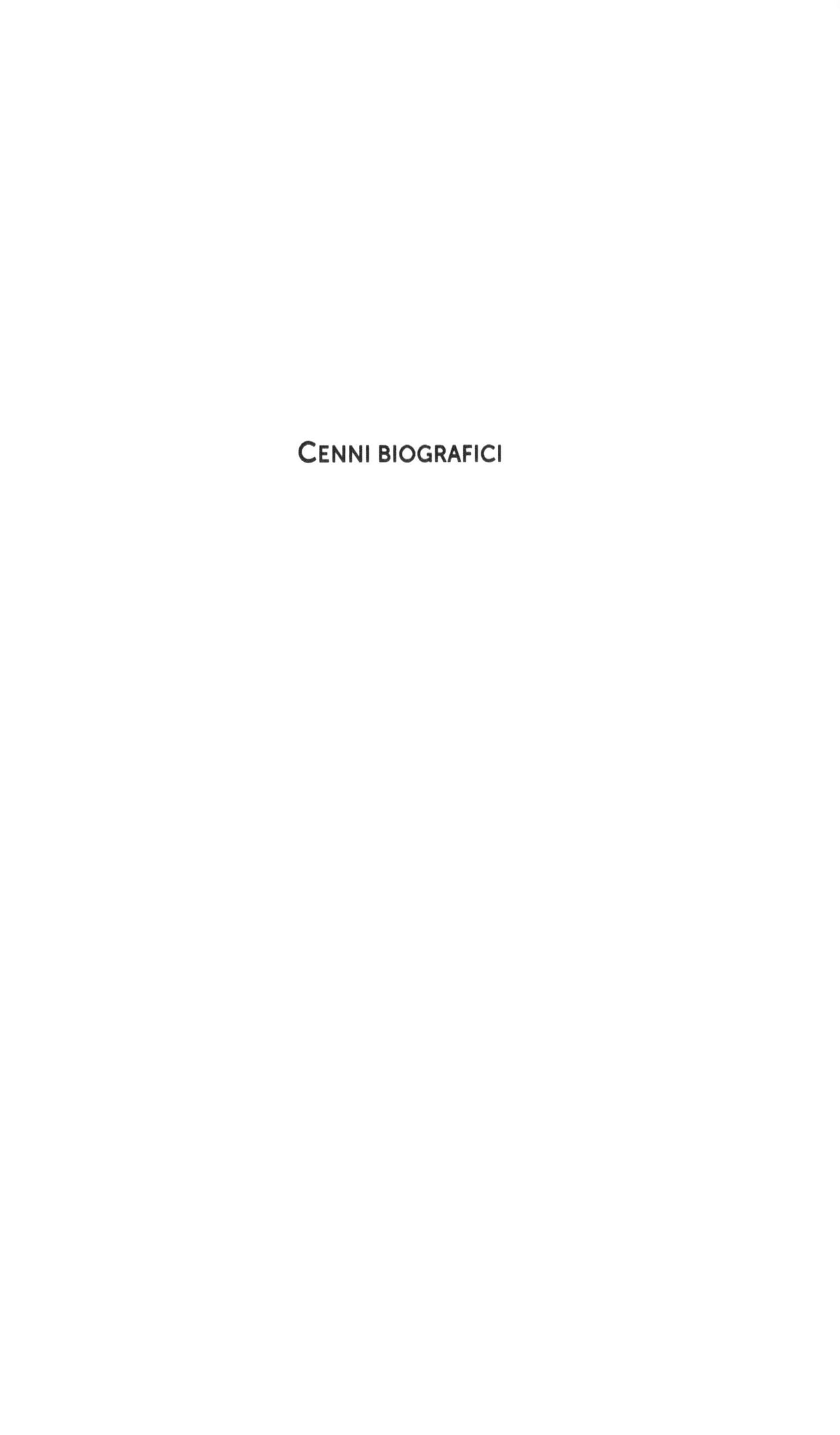

Cenni biografici

Gaetano Salvemini

Gaetano Salvemini nacque a Molfetta (Bari), l'8 settembre 1873. Di modesta famiglia, seguì a Firenze gli studi universitari, orientandosi giovanissimo verso le ricerche storiche sotto la guida di Pasquale Villari e di Cesare Paoli, succedendo infine al primo nella cattedra di Storia moderna (1916), dopo aver insegnato all'università di Messina (dal 1901) e di Pisa (dal 1910).

Dal superamento in senso laicista della fede religiosa tradizionale, in un clima di influenze composite e vivacemente meditate, dallo scientismo positivistico al marxismo di Antonio Labriola, scaturirono i primi lavori di storiografia medievale, con cui egli avviò l'indirizzo designato dal Croce come «economico-giuridico», la tesi di laurea su *La dignità cavalleresca nel Comune di Firenze* (1896), il classico saggio *Magnati e Popolani in Firenze dal 1280 al 1295* (1899), premiato all'Accademia dei Lincei, e i vari saggi raccolti sotto il titolo di *Studi Storici* (1901), specie il primo, *Un comune rurale nel secolo XIII* (Tintinnano in val d'Orcia, nel Senese), centrato sulla tesi nuova dell'antinomia tra città e campagna e del peggioramento delle condizioni rurali quali conseguenze dell'età comunale.

Orientatosi verso i problemi politici e di storia contemporanea, ne diede singolare anticipazione, evidenziando il ruolo di moderati e democratici prima e dopo il nodo storico del 1848 nel volumetto *I partiti politici milanesi nel secolo XIX* , pubblicato con lo pseudonimo di «*Rerum Scriptor*», sulla cui impostazione storico-materialistica s'innestava prepotente l'influsso del solido positivismo di derivazione illuministica del Cattaneo: e non si trattò di influsso passeggero, come avrebbe tra l'altro attestato la densa *Introduzione* all'antologia da lui curata, *Le più belle pagine di Carlo Cattaneo* (1922), essendo questa diventata una componente di prim'ordine del più maturo radicalismo salveminiano.

Nel contempo, sempre secondo un'impostazione positivistica, Salvemini ampliava le sue ricerche risorgimentali intorno alla figura di

Giuseppe Mazzini: tali i saggi *Il pensiero religioso, politico, sociale di Giuseppe Mazzini* (1905; 2.a edizione con aggiunte, 1915) e *La formazione del pensiero mazziniano* (1910).

Del pari, elaborava l'acuta sintesi storico sociale *La Rivoluzione Francese (1788-1792),* curandone sette edizioni dal 1905 al 1954: lavoro che, ispirandosi specialmente al Tocqueville e al Jaurès, si collocò originalmente nell'ambito del nuovo indirizzo storiografico teso a vedere «dal basso», in chiave economica e di lotta di classe, gli eventi rivoluzionari.

Diversa origine, più direttamente politica, ebbero invece altri interessi salveminiani, puntati sui gravi problemi interni e internazionali dell'Italia post-unitaria.

Nelle file del PSI, in cui militò fino al 1911, Salvemini venne qualificando il proprio riformismo e il proprio meridionalismo: socialismo e questione meridionale gli apparvero, nelle condizioni storiche ed economiche del paese, come due aspetti inscindibili del medesimo problema: donde la sua polemica contro il «ministerialismo» socialista, contro il «gradualismo» bonomiano ed i limiti corporativi della *Confederazione Generale del Lavoro* e del movimento cooperativo, tutti più o meno condizionati dal giolittismo e dal margine ad esso concesso ai settori operai e contadini più avanzati a nocumento del sottosviluppato mondo rurale e meridionale: ma soprattutto, sul piano generale, la sua violenta, parziale e pur giustificata polemica antigiolittiana che nella lapidaria denuncia de *Il Ministro della Malavita* (1909) trovò la sua sintesi più efficace.

Così, la copiosa produzione meridionalistica del Salvemini — da lui stesso infine riordinata — nel volume *Scritti sulla questione meridionale* (1896-1955) ebbe un preciso fondamento democratico e socialista, pur non giungendo a concretare, in termini di tattica e di strategia, la prospettiva di un'alleanza rivoluzionaria tra la classe operaia del Nord ed i contadini del Sud.

Deluso dalle illusioni «neoliberali» del PSI e rimasto tragicamente solo in seguito al terremoto di Messina che il 28 dicembre 1908 lo aveva privato di tutta la famiglia — moglie, cinque figli e una sorella — Salvemini, passato all'Università di Pisa, proseguì la sua battaglia attraverso le colonne del settimanale «L'Unità», fondato con Antonio De

Viti De Marco, che dibatté tra il 1911 e il 1919 i complessi problemi della vita politica italiana, non ultimo quello della scuola di Stato in Italia, che fu una delle ricorrenti e più sentite preoccupazioni salveminiane, sin da quando, nel 1901 aveva dato avvio, con Giuseppe Kirner, Ugo Guido Mondolfo ed altri esponenti della cultura laica nazionale, alla costituzione della Federazione Nazionale Insegnanti Scuola Media, che raccolse prima della guerra la quasi totalità della categoria su un piano di attive rivendicazioni democratiche.

Frutto di meditate tesi storico-politiche furono sia la sua avversione alla guerra libica, sia il suo interventismo nel 1915, derivato da una costante posizione antitriplicista, nonché la sua documentata campagna filo-slava sviluppata in merito al problema dell'Adriatico.

Principali risultati di studio furono allora la lunga serie di articoli pubblicati nel primo quindicennio del secolo, a cominciare da «La Triplice Alleanza e gl'interessi politici dell'Italia», uscita sulla «Critica Sociale» del 10 maggio 1900; gli articoli su «La Triplice Alleanza», pubblicati nella «Rivista delle Nazioni Latine» (1916-1917); il saggio *La politica estera dell'Italia dal 1871 al 1915,* la raccolta pubblicata da Piero Gobetti con il titolo «Dal Patto di Londra alla Pace di Roma».

Eletto deputato in Puglia nel 1919 (ma rifiutò la candidatura nel 1921, invitando i suoi elettori a votare per il PSI), fu strenuo e costante oppositore del fascismo, nella cui interpretazione storica e condanna etico-politica egli coinvolse in primo luogo la figura e l'opera di Mussolini.

Dopo l'assassinio di Matteotti, l'impegno attivo lo portò all'organizzazione del "Circolo di Cultura" fiorentino ed alla diffusione, con Ernesto Rossi, i fratelli Rosselli ed altri, del «Non mollare», primo bollettino clandestino antifascista (1925): fu perciò arrestato e processato; e, uscito per amnistia, passò clandestinamente in Francia all'inizio di agosto dello stesso anno, venendo privato della cattedra e poi (1926), della cittadinanza italiana.

In Francia, in Inghilterra e negli Stati Uniti d'America — dove si stabilì nel 1932 — e fu chiamato nel 1934 ad insegnare "Storia della civiltà italiana" all'Università di Harvard, Salvemini svolse un'amplissima attività di docente e di pubblicista sviluppando precedenti temi di studio, come nelle lezioni di Harvard su *L'Italia dal 1919 al 1929* e denunciando all'opinione pubblica mondiale il fascismo con copiosi articoli e alcuni importanti saggi: *The Fascist Dictatorship in Italy, La terreur fasciste, Under the Axe of Fascism, Prelude to World War II, Mussolini Diplomatico.*

Instancabile in quella che fu definita "*la lotta di un uomo contro un regime*", egli si mantenne sempre collegato con la diaspora dell'antifascismo italiano, e in ispecie con i settori liberal-socialisti di *Giustizia e Libertà,* come tra l'altro attestano, soprattutto per il primo periodo, le sue *Memorie di un fuoriuscito*; condannò apertamente le aggressioni fasciste all'Etiopia ed alla Spagna repubblicana, e — figurando nel 1939 tra i promotori della *Mazzini Society* — intese, in pari tempo, combattere le simpatie filofasciste e chiarire agli Americani le reali condizioni dell'Italia.

Il suo radicalismo democratico, con l'assoluto presupposto che non dovesse essere il popolo italiano a scontare nel dopoguerra i delitti del fascismo, fu tra l'altro confermato, oltre che dalla sua attività, dal libro scritto con Giorgio La Piana *What to do with Italy.*

Salvemini tornò in Italia nel 1949, reintegrato nella cittadinanza e nella cattedra di Storia moderna, attendendo all'insegnamento, alla revisione dei suoi numerosissimi scritti, alle sempre rinnovate polemiche politiche — attraverso periodici quali «Il Mondo» di Mario Pannunzio, «Il Ponte» o la nuova serie della «Critica Sociale»—- in quella realtà repubblicana nata dalla Resistenza, contraddittoria nella ricostruzione e incerta nelle prospettive, che per tanti versi gli apparve, per dirla con il titolo di una sua raccolta postuma (1959) come "*un'Italia scombinata*".

Anticomunista negli anni rigidi dello stalinismo ma non per preconcetta chiusura, insofferente nei confronti dell'immobilismo centrista e avverso al "totalitarismo di destra", implicito nella legge elettorale maggioritaria sconfitta nel 1953, così come lo era stato al "totalitarismo di sinistra" da lui individuato nel Fronte Democratico Popolare del 1948, fu "radicale" fino all'ultimo: non a caso, riprendendo gli argomenti del saggio «L'avvenire del Partito cattolico», apparso con lo pseudonimo "*Un travet*" nella «Critica Sociale» del 1898, del volumetto *Il Partito Popolare e la questione romana* (1922) e dello studio inedito *Stato e Chiesa in Italia da Pio IX a Pio XI (*1929), ribadì a pochi mesi dalla morte il proprio laicismo pronunciandosi per l'abolizione del Concordato (marzo 1957).

Fino all'ultimo, Salvemini rimase fedele al suo originario patrimonio di idee, al socialismo di Filippo Turati, di Leonida Bissolati Bergamaschi, di Oddino Morgari, di quegli uomini che, come pronunciò sul letto di morte, "*volevano dare un tozzo di pane alla povera gente*" e fino alla fine non fece abiura del suo credo politico.

Com' è notorio, non volle, emulando Luigi Pirandello, i conforti religiosi e riaffermò di aver cercato di praticare nella sua vita i principi etici del *Critone* e del *Discorso della Montagna*.

Il suo modo di interpretare il cammino terreno, la sua *Weltanschauung* gli fecero constatare di quante sincere e saldissime amicizie potesse rallegrarsi.

I suoi ultimi giorni a Sorrento, come afferma Enzo Tagliacozzo nella sua vibrante biografia del Maestro, furono un vero e proprio elogio del valore umano del sentimento dell'amicizia.

Morì il 6 settembre del 1957, prossimo al suo ottantaquattresimo genetliaco.

Capitolo I

LA "QUESTIONE PEDAGOGICA" COME "QUESTIONE POLITICA"

«[...] *Circoscrivendo eccessivamente la propria attività intellettuale, inaridendo a poco a poco in sé ogni curiosità estranea al piccolo cerchio dei suoi pensieri, lo specialista si sequestra dal mondo, si addormenta in una specie di sonnambulismo professionale: finisce col perdere anche ogni contatto di simpatia coi suoi simili. La dottrina si accumula a scapito della vera cultura...*»

G. Salvemini, *Opere, V, Scritti sulla Scuola,* 1966.

§ 1.1. Premessa

L'interesse sull'aspetto, per dir così, *pedagogico,* di Gaetano Salvemini deve necessariamente seguire un particolare itinerario, senza il quale, ineluttabilmente, ci allontaneremmo dalla possibilità di comprendere il suo concetto di educazione e cultura.

Si deve, cioè, utilizzare il suggerimento di Eugenio Garin di «*seguirlo su un piano in largo senso pedagogico*» e considerare la sua opera pedagogica, per l'appunto, per niente disgiunta dal suo pensiero politico e dalla sua azione sociale.

È l'unico modo per avvicinarsi all'universo Salvemini.

Che in Salvemini la questione scolastica fosse profondamente interrelata con quella sociale, è testimoniato dal suo intervento al Primo Congresso della Federazione Nazionale Insegnanti Medi, tenutosi a Firenze nel Settembre 1902, dove lo storico dichiarava che:

> «[...] *le questioni scolastiche*» sono «*strettamente avviluppate*» [...] «*con tutta la vita della società*».
> «*Ogni questione scolastica è, in ultima analisi, una questione sociale e politica, ogni dibattito sul metodo,* [...] *implica e presuppone una certa visione dell'uomo morale e dell'uomo sociale, un determinato concetto della vita contemporanea e delle sue aspirazioni e dei suoi fini*»[1].

Tale concezione è sostanzialmente ripresa nel Settembre 1903, al Secondo Congresso, quando il molfettese dichiarava che:

> «[...] *ogni questione scolastica è questione politica, perché la soluzione di ogni problema scolastico non può non danneggiare, immediatamente o mediatamente, alcune classi sociali e rafforzarne altre e perciò non può non essere avversata — con lotta aperta o nascosta — da alcuni partiti politici e favorita da altri*»[2].

---

[1] G. SALVEMINI - A. GALLETTI, *La Riforma della Scuola Media*, Palermo 1908.

[2] Discorso pronunciato al Congresso di Cremona nel Settembre 1903, ora in G. SALVEMINI, *Scritti sulla Scuola*, pp. 105-106.

È questo, in sostanza quel «*seguirlo su un piano in largo senso pedagogico*», cui faceva riferimento Garin nel suo saggio.

E questo vasto senso pedagogico non è altro che la riduzione della socialità alla politicità e, viceversa, la tendenza a far comprendere che larga parte dei confini all'interno dei quali va a delinearsi l'azione umana, sono determinati dall'arena politica.

L'intero pensiero salveminiano, politico, sociale, pedagogico, è da considerarsi, pertanto, strettamente unitario e le sue lotte a favore dei docenti per l'ottenimento di migliori condizioni economiche, i suoi scritti sulla organizzazione degli insegnanti, sono collegati alla elaborazione di un programma di riforme per la scuola media ed al suo approfondimento del problema della laicità dell'insegnamento.

Proprio in ragione di ciò dobbiamo per forza di cose ammettere che una serena ricostruzione del suo "abito" pedagogico non può prescindere da una ricostruzione della matrice socio-politica del suo pensiero.

Nel saggio apparso sulla «Critica Sociale», nel Marzo-Aprile 1897, Salvemini lumeggiava le difficoltà in cui si imbatteva il socialismo del Meridione in ragione dello stato sclerotico, ideologico ed economico, nel quale versava il piccolo ceto borghese.

Salvemini, in sostanza, serrava le fila dell'analisi, sostenendo che bisognasse tendenzialmente lasciare al proprio destino i ceti medi, «*queste teste spostate, mal nutrite, storpiate dal latino e dal greco*».

Occorreva che lo sforzo fosse concentrato sui "*proletari effettivi*", su quel vasto ceto proletario che non voleva formule ideologiche che risuonassero come formali liturgie, come involucri vuoti, ma desiderava che si affrontassero e risolvessero i problemi economici e socio-politici.

Il socialismo doveva, in sostanza, puntare sul miglioramento delle condizioni economiche e sulla estensione del diritto al lavoro. Ed infatti egli sosteneva: «*Educati alla lotta economica, i contadini intenderanno in un fiat, quando gliela spiegherete, la lotta politica e tutti gli altri elementi del nostro programma massimo e minimo*».

Nel frattempo, gli accadimenti dell'Amministrazione Comunale di Molfetta nell'ultimo ventennio avevano mostrato come tutte le speranze degli operai fossero rimaste deluse dal liberalismo e dal radicalismo.

Per ottenere il pareggiamento del Seminario Vescovile sussidiato dal Comune si assistette ad un vero e proprio connubio liberal-clericale, mentre, alla fine, i radicali cercarono di ottenere un liceo-ginnasio interamente laico.

Secondo Salvemini era in tale situazione di arretratezza e di corruzione che i socialisti avrebbero dovuto portare il momento rivoluzionario:

> *«Noi socialisti abbiamo una idea chiara e semplice da far prevalere: ogni liceo-ginnasio vescovile o non vescovile oggi è una fabbrica di spostati e non soddisfa nessuno degli interessi e dei bisogni dei lavoratori; al diavolo i preti e i laici; con il sussidio che si passa al seminario e con cui si vorrebbe fondare un liceo laico, fondiamo una scuola pratica gratuita d'arti e mestieri»*[3].

Frattanto, nel periodo 1895-1898, Salvemini rivela una posizione *pedagogica* che è tipica del socialismo di quegli anni.

La matrice classista del socialismo di tal periodo fa sì che Salvemini concentri tutta la sua azione al potenziamento della istruzione elementare, ritenendo che un miglioramento delle sue condizioni e un prolungamento della sua durata fosse quanto di più consentaneo alle condizioni di quel proletariato.

Il quadro si modifica completamente sotto i colpi davvero spietati della scure della reazione del 1898, che impedirà lo svolgimento dinamico delle sue principali posizioni teoriche.

> *«In Italia non si tratta di creare uno Stato Socialista, ma uno Stato meno bestia dell'attuale, perché il Partito Socialista manca di uomini. [...] L'alleanza coi partiti affini... deve avere un programma positivo di riforme liberali e democratiche, alle quali i socialisti devono dare il loro appoggio; solo dopo la costruzione di uno Stato veramente democratico il partito socialista potrà riprendere la sua libertà d'azione; e siccome questa condizione è tutt'altro che vicina... così l'alleanza coi partiti democratici deve essere salda e costante»*[4].

---

[3] G. Salvemini, *Movimento Socialista e Questione Meridionale*, pp. 16-23.

[4] Un Travet. Commenti forse inutili alle "Dichiarazioni necessarie", *Critica Sociale*, 15 gennaio 1900.

Si comprende chiaramente che sono lontani i tempi in cui il socialismo italiano indulgeva alle vellicazioni rivoluzionarie degni anni novanta, anche se teneva ferme alcune tematiche di quel periodo: il principio dell'autogoverno dei contadini, il controllo sulle amministrazioni locali, l'avversione per il centralismo e il burocraticismo, così come accadeva pure per Salvemini.

Sotto l'influenza del Cattaneo egli va a sviluppare alcuni degli elementi *proudhoniani* del suo credo socialista.

Proudhon affermava che solo una serie di formazioni politiche intermedie realizza l'ideale federalista, il quale viene rappresentato come una serie di cerchi concentrici di associazioni, dove ogni collettività svolge una sua funzione autonoma e una sua azione storica.

Come Proudhon, Salvemini pensava che le condizioni della federazione fossero la libertà interna di ogni nazione, l'estrema maturità della vita politica (tema strettamente connesso a quello del suffragio universale), e la decentralizzazione naturale.

Questi temi Salvemini portò innanzi con rinnovato vigore, dimostrando appunto la sua vicinanza al socialismo unitario di Proudhon ed alla sua concezione che si opponeva ad ogni forma di statalismo oppressore ed ad ogni forma di atteggiamento collettivistico.

Addirittura, non sembrerebbe ardito intravedere, nel *Sistema delle Contraddizioni Economiche o Filosofia della miseria* che Proudhon pubblicò a Parigi nel 1846, la fase matura del decorso intellettuale di Salvemini nell'interpretare e vivere il socialismo, dato che, nell'opera citata, Proudhon sviluppò il principio di integrazione dei diritti sociali e la concezione dell'egualitarismo e della giustizia, sotto l'influsso cristiano.

Ora, in effetti, occorre considerare che per Salvemini le condizioni di arretratezza in cui si trovavano le plebi contadine, andandosi a stratificare con le condizioni di indigenza in cui esse versavano, impedivano ai contadini meridionali di partecipare all'esercizio delle attività potestative, privandoli pure della speranza della conquista di una tale possibilità.

In Salvemini, così come pure in Carlo Cattaneo, il sistema dei bisogni dà la stura al dinamismo sociale ed intellettuale, e le «*ideologie non sono che il sottoprodotto semplificato ed emotivamente spendibi-*

le di una teoria o di una dottrina politica»[5], svolgendo solo una funzione strumentale al soddisfacimento del bisogno.

Poiché, per ragioni di stratificazione storica dei processi potestativi, i mezzi di controllo per la perpetuazione delle risorse potestative e gli strumenti adoperati per la valorazione assiologica erano concentrati nelle mani di una classe che non era, invero, quella proletaria, solo la concessione del suffragio universale avrebbe potuto spingere tali classi a creare scuole per il popolo, grazie all'azione dell'universalità del suffragio.

Questo grosso *sforzo alfabetizzante* non sarebbe però piovuto dall'alto perché il Salvemini, con il suo velato pessimismo, non credeva nelle "magnifiche sorti e progressive" di matrice illuministica e legava questo progetto di riforma scolastica ad una sofferta amplificazione della partecipazione popolare all'esercizio mediato del potere, attraverso la concessione del suffragio.

Risulta dunque chiaro come Salvemini, pur sostenendo l'elevazione delle classi contadine ed operaie e pur essendo sostenitore del loro autogoverno in una sintesi federativa, ritenesse che la questione doveva precipuamente incentrarsi sul potenziamento della scuola elementare; mentre il successivo viatico verso l'istruzione doveva essere un'istruzione professionale di carattere immediatamente pratico.

La *Scuola Popolare Superiore* sarebbe stata una "*vera e propria Scuola di Cultura*".

Tale tipo di istruzione avrebbe fornito, «*anziché un'istruzione manuale ed empirica*», «*una cultura pratica*» che avrebbe determinato «*un sistema di conoscenze scientifiche organizzate in modo*» da fungere successivamente da «*guida attraverso le future necessità pratiche della vita*»[6].

Era chiaro come Salvemini delineasse un programma dove il piccolo e medio ceto borghese si adoperasse per il soddisfacimento dei bisogni del proletariato attraverso l'esercizio di forme pressorie vincolate alla conquista dell'universale diritto di voto.

---

[5] G. SARTORI, *Elementi di teoria politica*, Il Mulino 1987.

[6] A. GALLETTI, G. SALVEMINI, *La riforma della Scuola Media*, ora in *Scritti sulla Scuola*, p. 349.

Ma la proposizione di una sintesi sociale, laddove si registrasse la presenza di due blocchi sociali, il primo svolgente funzioni intellettuali e il secondo esercitante questo potere di ricatto, questo strumentale potere contrattuale, era in verità una proposta sclerotica, asfittica, tipica, a suo dire, di quel misoneismo liberale di conio hegeliano che Salvemini non aveva mai condiviso.

Nonostante ciò, e nonostante pensasse che il controllo dal basso fosse condizione imprescindibile per una seria evoluzione culturale del proletariato, egli non riuscì a delineare, lumeggiandola, quale avrebbe dovuto essere la strumentazione pedagogica capace di fondere i due blocchi e di fungere da collante tra media borghesia e proletariato organizzato.

L'intera sua battaglia a favore del miglioramento delle condizioni economiche degli insegnanti, perché essi potessero «*essere sciolti dai vincoli immondi del bisogno e dell'ingiustizia*» e potessero dedicarsi al proprio magistero senza macerarsi nell'indigenza, è indiscutibilmente da considerare imprescindibile nel suo programma di riforma scolastica.

Peraltro, il conseguimento di uno *status* giuridico avrebbe sottratto l'ordinamento scolastico alle ingerenze ed ai favoritismi del Ministero e del Parlamento ed avrebbe tutelato «*l'interesse generale del paese, rivelando e combattendo una potente causa di corruzione amministrativa e parlamentare*»[7].

Si comprendeva benissimo che la retribuzione modestissima degli insegnanti, le inframmettenze burocratiche e parlamentari non erano solo il portato del clientelismo e del burocraticismo imperante, ma del perdurare di un regime pseudo-liberale che privilegiava il momento del comando a quello del consenso; che tendeva cioè, a comprimere e coartare l'opposizione ed i sottosistemi politici, ed a svuotare di continuo le procedure e le istituzioni che esercitavano la funzione di trasmettere l'autorità politica dal basso verso l'alto.

È la tipica *facies* dell'Italia giolittiana del tempo.

---

[7] G. Salvemini, *Prefazione* ai *Discorsi e scritti di Giuseppe Kirner*, Padova 1906; ora in *Scritti sulla Scuola*, p. 132.

§ 1.2. La Federazione Nazionale Insegnanti Secondari

Con la creazione della *Federazione Nazionale degli Insegnanti Secondari*, Salvemini svolgerà un'attività ed un'opera di rilievo notevolissimo, contribuendo a creare una nuova figura di insegnante, non più agevolmente ricattabile o manipolabile dal deputato di turno o dal Ministro, ma un educatore, avente la coscienza del proprio magistero, legato da vincoli di solidarismo con i docenti degli altri livelli educativi, partecipe delle problematiche sociali e consapevole dell'afflato etico promanate dalla propria azione culturale e pedagogica, pronto a legami con la stessa classe lavoratrice.

I docenti dovevano avvertire questa responsabilità verso tutte le componenti della società e curare le sorti della scuola.

Questo significava che gli organi di controllo — per quanto concerneva l'organizzazione della disciplina e l'ordinamento didattico — dovevano essere rappresentativi delle loro categorie nel seno di una speciale sezione del *Consiglio Superiore*.

Nel problema della relazione tra Scuola ed Amministrazione, Salvemini risolve la questione partendo dall'ottica federalistica, che avrebbe segnato il principio che ogni potere doveva essere responsabile verso il basso e addirittura fosse gestito direttamente da organi e da gruppi di interesse locale.

Egli non poteva tollerare che lo Stato centralizzasse il suo potere.

Ed è per tale ragione che si scagliò contro l'avocazione delle scuole elementari da parte dello Stato, dato che «*l'avocazione delle scuole elementari allo Stato*» era una manovra autoritaria, edulcorata da una patina di democrazia che, se avesse ottenuto il «*consenso delle classi lavoratrici*», le avrebbe condotte al:

> «[...] *resultato mistificatore di vedere sostituito alle oligarchie attuali, non la democrazia, ma la burocrazia. Gli avocatori spogliano i cittadini di ogni diretta sovranità nella scuola popolare* [...] *e trasferiscono tutti i poteri scolastici alla casta burocratica; volgono le spalle al socialismo democratico per impantanarsi nel socialismo di Stato*»[8].

---

[8] *La legge sulle scuole elementari*, pubblicata in *Critica sociale* del 16 Marzo - 16 Aprile, 1 maggio 1904, ora in *Scritti sulla Scuola*, p. 190.

Nel discorso tenuto a Cremona nel 1903 Salvemini enuncia pensieri molto importanti.

Di fronte alle due tendenze che si svilupperanno nella società del suo tempo, volta «*l'una a perpetuare il passato, l'altra a suscitar l'avvenire*», di fronte a due concezioni della vita e del mondo che si concretavano l'una nel clericalismo, l'altra nel socialismo, il posto dell'insegnante era «*evidentemente segnato*»: «*doveva intervenire nella crisi*», coordinando il proprio lavoro con «*quello delle forze che preparano l'avvenire*».

È quindi, lapalissiana, l'intenzione salveminiana: era necessario costruire una scuola laica che non si esaurisse però in un *laicismo avalutativo*, significante neutralità politica e religiosa, ma che svolgesse un ruolo di trasmissione e proposizione di un nuovo quadro assiologico, nel rispetto dell'autonomia intellettuale del discente: occorreva cioè «*creare una scuola educatrice di forti e liberi pensieri*».

Fin dal principio l'obiettivo della Federazione era stato quello di:

> «[...] *promuovere una efficace azione politica per la rivendicazione dei diritti della scuola*»; «*La scienza educa il nostro pensiero al concetto della transitorietà di tutti i fenomeni, compresi i fatti politici e sociali*»; essa «*ci comunica l'irresistibile consuetudine della logica e la logica applicata alle questioni sociali è libertà, è uguaglianza, è giustizia, è insomma democrazia*»[9].

Proprio per questo Salvemini non credeva nella «*immobilità conservatrice delle cose*» e nel concetto di cultura come mezzo di perpetuazione delle relazioni di forza e di potere esistenti nella intelaiatura sociale ed interiorizzava la sua azione, proponendosi come lo stendardo dell'anticlericalismo e di un razionalismo che considerava la realtà retta da un canone intelligibile, omogeneo all'evidenza razionale.

Ovviamente, tale impostazione si portava dietro una venatura hegeliana, dato che, alla fine, il processo, da reale finisce per coincidere con l'autorealizzazione della ragione.

---

[9] *La scuola secondaria*, pubblicato nella *Critica Sociale*, 1-6 Novembre 1904, ora in *Scritti sulla Scuola*, pp. 205-206.

Nel famoso discorso del 1904 Salvemini fa una vera e propria dichiarazione di programma, fugando le ombre su quello che doveva essere il ruolo del docente intellettuale: «*Ed è questa la nostra funzione sociale: dare alle generazioni... il bisogno di tutto comprendere per poter tutto dominare*».

Egli finiva per bruciare continuo incenso sull'altare della libertà, sostenendo che occorreva essere sacerdoti della *libera ragione* e non dervisci danzanti di una religione senza dio.

Le motivazioni profonde per cui i membri della Federazione riuscirono a stabilire dei punti di contatto con i partiti dell'Estrema non deve essere spiegato solo con il fatto che gli insegnanti riuscirono a mutuare dalla realtà dell'operaismo la disciplina dell'organizzazione ma, anche, in ragione di un progetto di solidarietà nazionale che, proprio nella scuola — secondo il Prof. Kirner — riceveva il suo primo impulso.

Nel frattempo il liberalismo di lega reazionaria strizzava l'occhio al clericalismo intransigente e, nonostante le invettive ed i giudizi semplicistici di Giolitti sulla Federazione, Kirner parlava di questo idilliaco rapporto della «*nostra classe col movimento generale del proletariato e coll'azione socialista*»[10], dichiarando di essere vicino non solo ai democratici ma, in particolar modo, ai socialisti, anche se ne rifuggiva la componente anarcoide ed, in particolar modo, quella massonica.

I Congressi Nazionali della "Federazione" a Cremona nel 1903 e a Milano nel 1905, la relazione tenuta con Galletti al settimo Congresso della Federazione a Firenze nel 1909, le acute precisazioni tenute durante tale Congresso e la sua *Riforma della Scuola Media,* pubblicata con Alfredo Galletti nel 1908: tutte queste enormi energie intellettuali che Gaetano Salvemini profuse nel corso di questi dibattiti e di tali Congressi, non possono essere disgiunte dalla situazione effettiva di quella che era la scuola media in Italia nei primi dieci anni del Novecento e di quello che fu il progetto di Riforma della Commissione Reale.

---

[10] G. SALVEMINI, *Prefazione* ai *Discorsi e Scritti di Giuseppe Kirner*, ora in *Scritti sulla Scuola*, p. 151.

§ 1.3. Il "Progetto di Riforma" della Commissione Reale

Su tale "Progetto" Salvemini si soffermò in maniera assai critica su di un articolo apparso nei «Nuovi Doveri» del febbraio 1911, laddove, alla proposta della Riforma di creare due distinte medie inferiori per metodi e programmi proponeva la «*creazione di una Scuola Media moderna, del tutto indipendente non solo dalla Scuola Tecnica e dall'Istituto Tecnico Professionale, ma anche dalla Scuola Classica, avente la stessa durata della Scuola Classica e gli stessi diritti per l'ammissione alle Scuole Universitarie*».

In sostanza, possiamo affermare che il programma di riforme elaborato dal Salvemini tra il 1900 e il 1910, presenta una vera e propria aporia tra la sua concezione di una scuola che veniva a porsi come pietra angolare di un rinnovamento sociale e di una palingenesi politica, di un corpo docente che avrebbe dovuto vivificare la cultura, rendendola strumentale alle «*forze che preparano l'avvenire*», ed il concetto di una scuola che doveva «*accettare la società qual è oggi costituita*» ed «*adattarsi ai bisogni delle singole classi sociali*».

Era, pertanto, necessario accantonare per un attimo le aspirazioni individuali, le tendenze, le aspettative di ciascun discente, ed offrire programmi e corsi di studi, differenziandoli in ragione dell'appartenenza alle classi sociali.

Tutto ciò avrebbe anche potuto sedimentare i rapporti di classe, conducendo ad un processo di sclerotizzazione di tali rapporti, fino a determinare una trasformazione autoritaria e lo scivolamento della società in un sistema di caste.

Proprio per evitare tale nocumento sociale, le modalità selettive dovevano essere ispirate a criteri di buon senso, di ponderatezza e di umanità.

Ancora una volta emerge chiaramente il socialismo umanitario di proudhoniana memoria.

Nonostante, per Salvemini, fosse necessario differenziare la frequentazione già con l'istruzione elementare.

> «*Non di rado* — egli sosteneva — *un inconveniente teorico è compensato da un notevole vantaggio pratico, ed i vantaggi sociali della*

> *promiscuità scolastica rimarranno sempre maggiori di qualche pur notevole inconveniente pedagogico; e i ricchi non avranno troppo diritto di lamentarsi, se nell'interesse generale della società saranno costretti nei primi anni a qualche sforzo di adattamento nella loro convivenza coi compagni delle classi sociali meno elevate*»[11].

Con queste parole, Salvemini dimostra tanto di osteggiare *l'atomismo sociale* che il *monismo statualistico* e si spinge fino a voler coniugare il verbo di Tocqueville con quello di Proudhon.

Tale atteggiamento solidaristico il Molfettese abbandonerà nella sua disamina delle scuole del grado successivo: la secondaria avrebbe dovuto decantarsi dalla presenza degli alunni provenienti dai ranghi del proletariato, i quali avrebbero frequentato la scuola tutt'al più fino al quattordicesimo anno di età.

Essi sarebbero stati indirizzati verso scuole professionali create sulla base del corso biennale costituito dalla V e VI classe elementare, corso biennale istituito dalla legge Orlando del 1904, e della "Nuova Scuola Tecnica" (Corso Popolare Superiore), resa quadriennale.

Successivamente, Salvemini opererà un *revirement* e non sosterrà più la necessità di una scuola unica per tutti gli alunni che si avviavano alla scuola media superiore.

Egli riteneva utile una riforma dell'istruzione media di primo grado, unificandone l'insegnamento in una scuola che aprisse l'accesso al Liceo Classico, alla sezione fisico-matematica dell'Istituto Tecnico (i due istituti che, soli, davano l'accesso all'Università) ed alle sezioni professionali dell'Istituto Tecnico stesso ed alla Scuola Normale, che non garantivano l'accesso all'Università.

Il rapporto col classicista Girolamo Vitelli nella Commissione Reale fece cadere nel suo spirito «*ogni fede nella bontà di una scuola unica preparatoria per tutti i rami della scuola media di secondo grado, compresi i rami professionali*».

Rimase in Salvemini, «*sebbene assai indebolita per opera del*

---

[11] A. GALLETTI - G. SALVEMINI, *La Riforma della Scuola Media*, ora in *Scritti sulla Scuola*, pp. 319-322.

Galletti, la opinione che una scuola unica senza latino per le scuole classiche e moderne avviatrici per l'università non sarebbe forse un errore, forse potrebbe rappresentare un progresso, e si dovrebbe con grande cautela sperimentare»[12].

E, contro gli unicisti, che lo accusavano di aver mutato opinione sulla questione della scuola unica rispondeva che spesso «*l'eroica coerenza*» indica «*mancanza assoluta di idee e idiozia incrollabile*», sostenendo che il suo *revirement* nella Commissione Reale si riduceva a ben poco: «[...] *ad aver chiarito bene i 9/10 delle mie idee, e ad aver finito di oscillare intorno all'ultimo decimo*»[13].

Salvemini, fin dal Congresso di Cremona del 1903 sosteneva che fin quando non fossero state create «*scuole complementari e professionali*» atte ad andare incontro alla «*smania divorante d'istruzione*» delle classi popolari, non era il caso di parlare di riforma della scuola media inferiore sul principio della unicità.

La creazione di «*una nuova scuola tecnica*» sotto la forma di un «*corso popolare superiore*», atto ad impartire una «*cultura pratica*» che permettesse ai rampolli della piccola borghesia e del proletariato superiore di ottenere una «*utile guida attraverso le future necessità pratiche della vita*», era associata alla previsione di aiuti, sovvenzioni, borse di studio per i migliori alunni delle nuove scuole tecniche, affinché potessero accedere alla scuola media di secondo grado.

Al Congresso di Milano del 1905 ed a quello di Firenze del 1909, Salvemini proponeva un esperimento nelle maggiori città italiane che sarebbe consistito nella istituzione di «*una scuola non classica*», «*a tipo moderno*», con la centralità dell'approfondimento di scienze e della letteratura moderna e che garantisse l'accesso all'Università come il ginnasio-liceo.

La scuola moderna da esibire (accanto al liceo-ginnasio, in sostituzione della esistente sezione fisico-matematica dell'Istituto Tecnico)

---

[12] G. SALVEMINI, *Il mio revirement sulla scuola unica,* pubblicato in "*Nuovi Doveri*", 15 ottobre 1909, ora in *Scritti sulla Scuola*, pp. 697 e ss.

[13] G. SALVEMINI, *Il mio revirement sulla scuola unica* pubblicato in "*Nuovi Doveri*", 15 ottobre 1909, ora in *Scritti sulla Scuola*, p. 702.

avrebbe avuto pari durata con l'attuale liceo-ginnasio e ciascuna di queste scuole avrebbe avuto un suo proprio e distinto corso preparatorio di primo grado. L'Istituto Tecnico sarebbe rimasto in vigore senza la sezione fisico-matematica.

Così come avevano sostenuto che ai migliori allievi della Scuola Tecnica si dovesse garantire il passaggio alle scuole medie di secondo grado (viatico per l'Università), Galletti e Salvemini proponevano altresì che i migliori alunni dei corsi professionali degli istituti tecnici potessero accedere alle scuole che spianavano le strade all'Università, mediante il superamento di esami complementari.

Dopo aver scritto che si dovevano predisporre delle possibilità di passaggio (le cosiddette "*passerelle*") dalle scuole di modesta cultura e di breve durata a quelle di media cultura e di media durata, i due autori sostenevano che:

> «[...] *devono poter passare dalla Scuola Popolare Superiore a quello che sarà il nuovo Istituto Tecnico.* [...] *i soli alunni migliori della Scuola Popolare Superiore, e cioè coloro che avranno un'intelligenza singolarmente vigorosa e naturalmente fornita di quella attitudine e capacità che la scuola popolare non ha l'ufficio di educare*»[14].

La possibilità del passaggio a stadi superiori per coloro che provenivano dal ceto del proletariato superiore e dalla piccola borghesia, riguardava solo le sezioni professionali degli istituti tecnici. Ed in essi, solo quelli che si fossero distinti, avrebbero potuto — in casi eccezionali — aspirare a sostenere esami per accedere alle scuole privilegiate.

L'unica mobilità possibile era quella prevista da Galletti e Salvemini per quegli alunni del liceo-ginnasio e del liceo moderno, che sarebbero passati agli istituti tecnici, qualora non avessero dato buona prova di sé.

In sostanza, emerge chiaramente l'intenzione dello storico pugliese, di pervenire alla *costituzione di un nuovo nucleo dirigente della*

---

[14] A. Galletti, G. Salvemini, *La Riforma della Scuola Media,* ora in *Scritti sulla Scuola*, pp. 325 e 344.

società italiana, attraverso rigorose procedure selettive del mondo della scuola.

Per ottenere questo, indubbiamente, occorreva impedire l'accesso del proletariato e, in parte, del piccolo ceto borghese, alla scuola media superiore.

La costruzione di questo nuovo nucleo dirigente, parte migliore delle risorse intellettuali della nazione, con l'esclusione dell'elemento popolare, rappresentava il vero "tallone di Achille" della proposta salveminiana.

La quale ignorava che la formazione di questa nuova classe dirigente avrebbe potuto nascondere gli agenti patogeni di un concetto di scuola e di educazione, *in funzione asseverativa del quadro assiologico fondamentale e dominante nella sintesi sociale.*

Alla fine, Giovanni Gentile attuerà il programma salveminiano con la Riforma del 1923, appesantendola notevolmente, e permettendo indirettamente, in parte, al Regime, di impedire che elementi della classe operaia potessero pervenire a forme gestionali delle risorse potestative statuali.

In definitiva, a rivalutare Salvemini, soccorrerà la *matrice sperimentalista* del suo programma, quando egli affermava la estrema negatività insita nel concetto di inserimento di innovazioni nell'ordinamento scolastico, sulla base di moduli ideologici confezionati artificialmente da gruppi di pressione sui poteri governativi.

Per Salvemini l'autorevolezza e la legittimità sostanziale e contenutistica di ogni progetto riformatore doveva provarsi sul terreno dei fatti.

> «*Ognuno di noi rinuncia* — egli affermava — *alla pretesa di imporre, con un atto di violenza giacobina, il proprio tipo, sopprimendo gli altri, e si contenta che il proprio tipo venga messo in concorrenza con gli altri*»[15].

---

[15] *Il metodo sperimentale nella riforma della scuola media,* pubblicato in *Critica Sociale* del 16 Febbraio - 1 Marzo 1906, ora in *Scritti sulla Scuola,* pp. 232-233.

In queste parole si esprime la sua estraneità alla concezione gentiliana.

Lo scandaglio della sperimentazione, la *corrente sperimentale,* testimoniano e corroborano la *funzione sociale* della classe docente e l'importanza del suo necessario collegamento con i ceti popolari.

Proprio nel Congresso di Cremona del 1903 egli collegava sperimentalismo, introduzione di un nuovo modello pedagogico (in linea con le tendenze razionalistiche e scientifiche tipiche della scuola secondaria) e concetto di laicità non come *neutralità politica e religiosa,* ma come attività «*educatrice di forti e liberi pensieri*», oltre che come «*scrupoloso rispetto*» della coscienza degli allievi.

Ed è alla luce del concetto di laicità che la concezione e la posizione pedagogica del Salvemini presenta elementi di discrasia nei confronti di quella gentiliana.

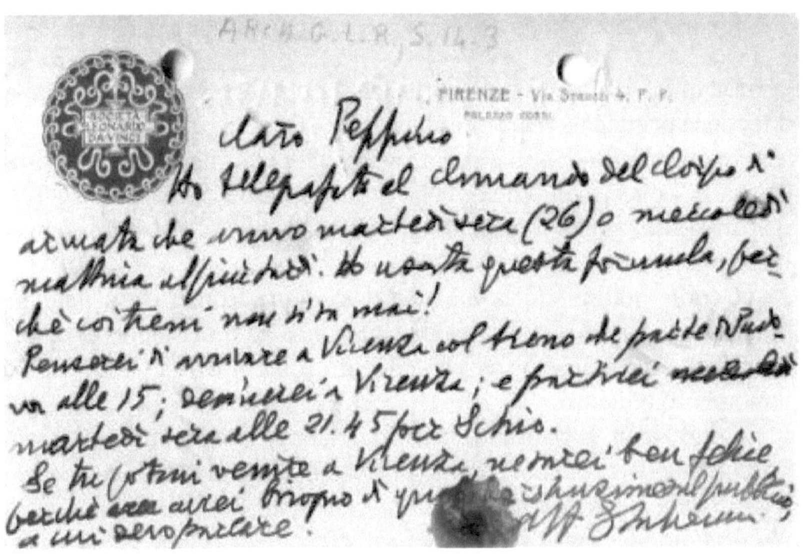

Cartolina postale di Gaetano Salvemini al filosofo e pedagogista Giuseppe Lombardo Radice, 1918.
[Museo Storico della Didattica Mauro Laeng]
Descrizione: Avverte che arriverà al Comando del Corpo d'Armata.

§ 1.4. Il "Concetto di laicità": il dissidio con Giovanni Gentile

Laicità è, per Salvemini, la capacità di far nascere nell'animo degli alunni ideali di libertà e di progresso, mediati dal vaglio critico con ideali e sistemi di valori diversi e dalle dichiarazioni programmatiche della matrice ideologica dell'insegnante.

La scuola laica doveva essere una scuola schierata in prima linea, fortemente impegnata nella comprensione degli accadimenti sociali, pronta al confronto con culture e diversificate intelaiature demopsicologiche: una scuola con una forte connotazione liberale, tutto questo in una concezione ove non potessero sussistere valori etero-imposti, ma opzioni assiologiche, intra-dirette ed auto-centrate:

> «*La scuola laica come la concepisco io, come non accetta servilmente nessuna dottrina ufficiale, così non bandisce ufficialmente e tirannicamente neanche quelle dei suoi avversari. La forza della libertà è infinita e non ha nulla da temere neanche dai suoi avversari*»[16].

Da qui il contrasto con Gentile, che allo stesso Congresso di Napoli tenne la principale relazione sulla scuola laica.

In verità, tale contrasto era inevitabile, considerata l'enorme distanza sul concetto di "laicità", che caratterizzava i due pensatori.

In realtà, anche il laicismo gentiliano non vuole essere negativo, illuministico, ma impegnato.

Gentile voleva «*la scuola della Ragione, contro la scuola dei dommi*»*:* ma scuola della ragione filosofica e, precisamente, di una concezione filosofica che avrebbe dovuto contemplare essenzialmente il momento religioso.

Concezione avvalorata altresì dal fatto che «*il senso della vita dacché mondo è mondo, l'hanno dato all'uomo o la religione o la filosofia; sicché dove non può entrare la filosofia, dev'essere, deve restare la religione*»[17].

---

[16] *Sesto Congresso Nazionale della Federazione fra gli Insegnanti delle Scuole Medie*, Assisi 1908, p. 242.

[17] G. GENTILE, *Educazione e Scuola laica*, Milano 1932, p. 151.

In Gentile il quadro della didattica è informato dal suo modo di concepire la vita dello spirito che passando per i gradi della soggettività (arte) e della oggettività (scienze-religione) si attua nella assoluta concretezza del conoscere filosofico.

È questa, per Gentile, l'unica autentica psicologia (la psicologia-scienza sarebbe un sapere naturalistico di un uomo oggetto, "cosa", e quindi sapere spurio), quella filosofica, che descrive "il ritmo" necessario attraverso il quale si svolge nell'uomo la vera vita che è quella spirituale (si pensi alle Conferenze romane pubblicate nei *Preliminari allo Studio del Fanciullo, 1924*).

In sostanza, è proprio a questa *psicologia dell'età evolutiva* reale e filosofica che si ispira la concezione gentiliana del problema dell'ordinamento scolastico e dell'insegnamento.

Per Gentile è *ideale* ed *educativo* quell'ordinamento degli studi che permette all'alunno di maturare sul piano spirituale.

Il punto di partenza è costituito dall'ordine elementare (poggiante su un insegnamento che tenga conto dei momenti dell'arte e della religione, dato che ad essa è attribuita un fondamentale valore educativo come preparazione alla filosofia); segue la scuola secondaria a indirizzo decisamente classico che, specie nelle classi superiori (liceo), accoglie l'insegnamento della filosofia (che si configura come un insegnamento essenzialmente storico, in conformità con il concetto gentiliano dell'identità della filosofia con la storia della filosofia).

Infine, la celebrazione del pensiero nella sua purezza e nel suo rigore si sarebbe avuto all'Università.

Coerentemente con la concezione dello Stato etico, Gentile risolve la questione dei rapporti tra Stato e Scuola nel senso della Scuola e della educazione funzione dello Stato.

Nel rapporto tra maestro e scolaro, Gentile sostiene che l'individuo è un momento transeunte dell'Atto Spirituale, per cui tra maestro e scolaro scompare ogni dualismo: «[...] *e nel realizzarsi dell'atto educativo, che è tutt'uno col farsi dello Spirito, ogni dualità scompare*».

Un dualismo che, sostiene Diego Fusaro (Filosofico.net), «*deve risolversi in unità attraverso la comune partecipazione alla vita dello spirito che, tramite la cultura, muove dall'educatore verso l'educando e lo riassorbe nell'universalità dell'atto spirituale*».

Il maestro educa educandosi e l'alunno, mentre si educa, realizza il processo auto-educativo del maestro.

È proprio nell'aspetto educativo che, per Gentile, viene a realizzarsi la vita dello spirito e l'attualità del pensiero, perché risulta evidente che il processo educativo viene a concretarsi quando conduce a compimento l'unità vivente del maestro e dell'educando, quando l'educatore incorpora nella propria individualità quella dell'allievo.

In tal senso, l'intero patrimonio didattico, dalle forme più elementari a quelle estremamente complesse dello scibile culturale e scientifico, non può essere trasmesso in maniera pedissequa ed acritica, ma deve essere vivificato attraverso l'attivazione del processo spirituale, che giace in letargo inerziale nel medesimo patrimonio didattico e culturale.

Cartolina postale di Gaetano Salvemini alla pedagogista Gemma Lombardo Harasim, 1918.
[Museo Storico della Didattica Mauro Laeng]
Descrizione: Saluti.

§ 1.5. La dottrina della libertà. Discrasia con la concezione gentiliana

Ritornando, dopo questa dovuta digressione, al confronto tra Gentile e Salvemini in relazione al concetto di *cultura* possiamo affermare che la distanza tra i due autori viene sommamente in rilievo proprio sulla «*dottrina della libertà*».

Gentile, identificando la spiritualità con la filosofia, ammette che la libertà è dono solo di chi si è elevato alla speculazione filosofica, mentre la libertà dei restanti è quella di far coincidere la volontà propria con quella dell'autorità. Nel processo scolastico, quindi, lo Spirito perviene ad una totale identificazione con il ruolo e la figura del maestro e la «*compenetrazione delle anime nell'atto educativo*» finisce per determinare la totale aderenza dell'alunno alla volontà del maestro.

Per Salvemini, invece, lo spirito dell'insegnamento era il confronto, il dibattito delle idee, la coesistenza tra visuali ed abiti mentali sicuramente in antitesi.

> «*La nostra scuola* — sosteneva — *è la scuola della concorrenza e del libero scambio*»; continuava, poi, lumeggiando ancor di più i rapporti con Gentile: «*Mentre per me la libertà di insegnamento è mezzo e fine, è tutto, per lui non è che la via necessaria a raggiungere l'unità. Quello che è il mio programma massimo, è il suo programma minimo*».

E, di rincalzo, Gentile sosteneva:

> «*Noi siamo insegnanti: dobbiamo plasmare anime, non è lecito serrarci dinanzi la porta delle anime, in cui ci spetta di entrare, per il mero rispetto della libertà degli alunni. La libertà degli alunni... è inammissibile*».

Questa concezione, invero strumentale, della libertà induceva Gentile a farsi sostenitore dell'insegnamento religioso nella scuola elementare, e tale concezione fu poi forzatamente introdotta nella Riforma del 1923.

Occorre a tal punto chiarire, però, che formulare un giudizio sulla concezione pedagogica di Giovanni Gentile significherebbe percorrere l'itinerario culturale di tutta la sua impostazione filosofica, e tale analisi fuoriesce dal nostro ambito.

Mi par solo doveroso segnalare, come massimo fattore discutibile, la forzata semplificazione, in Gentile, di tutta la problematica pedagogica; il metodo delle "riduzioni", con conseguente sottovalutazione della pedagogia su basi psicologiche, impostazione che se rappresentò una reazione all'enciclopedismo del Positivismo, svuotò di ogni valore problemi e tecniche di soluzione, favorendo la retorica delle frasi inconcludenti e dei riti formali.

Gentile ebbe però il merito indiscusso di contribuire a dare vitalità e dignità ai valori spirituali, religiosi ed umanistici della scuola italiana, invitando a vedere più a fondo nell'«*arte divina che è la vera educazione*» e ad esaltare, di là dai metodi, l'insostituibile azione del maestro come personalità ricca ed alacre, fervidamente consapevole della propria missione.

In pratica, dunque, il *gentilismo* si risolse nel trionfo della conoscenza filosofica e dell'impressione empirica del maestro e nel primato dell'umanesimo, con conseguente sottovalutazione della scuola tecnico-scientifica, «*che non alludeva alle determinazioni necessarie dello spirito*».

§ 1.6. Rapporto tra scuola e società: l'autonomia dell'istituzione scolastica

Ritornando al filo conduttore del nostro discorso, Salvemini, con la sua concezione della libertà, nella quale coincidevano mezzi e fini, fu di certo avverso a che la scuola pubblica si abbandonasse all'indottrinamento religioso, così come avversò qualsiasi altra forma di rigoroso dottrinarismo.

Proprio prendendo le mosse da questo suo atteggiamento contro l'autoritarismo dottrinario e contro il dogmatismo, è possibile comprendere la portata politica del rapporto tra scuola e società al quale dedicò il suo pensiero.

Centrale risulta essere il concetto dell'autonomia dell'istituzione scolastica da ogni potere istituzionale, dal governo e dai partiti politici.

In questo stretto vincolo esistente tra scuola e società, la libertà della scuola era da considerarsi come il principio, garantista ed acceleratore, di qualsiasi altra forma di libertà sociale.

Considerando la libertà educativa come *conditio sine qua non* delle libertà sociali, egli riteneva che gli insegnanti non potessero avere «*una funzione anticipatrice di una società diversa da quella in cui viviamo*», perché la scuola era «*prodotto della società*» e non era «*produttrice di essa*».

La scuola non poteva educare l'allievo ad «*un'ideale sociale che è quello dell'insegnante, ma che potrebbe non essere domani quello dell'alunno*».

L'analisi della visione *pedagogica* salveminiana si chiude quindi con un giudizio che, sostanzialmente, qualifica la sua impostazione in chiave *decisamente progressista ed anticonservatrice,* nell'Italia del tempo.

Il suo ideale, perseguito nella totalità e globalità del suo percorso culturale ed umano, fu quello di pervenire alla *costruzione di una classe dirigente*, investita del delicato compito di predisporre gli opportuni strumenti per determinare l'elevazione morale e materiale delle masse e la sua amplificazione partecipativa al momento gestionale delle attività potestative dello Stato.

Questo *sforzo alfabetizzante*, e la graduale partecipazione al potere politico, sarebbe stata altresì favorita dall'introduzione del suffragio universale, che avrebbe consentito alle masse di esercitare un severo e rigido sindacato politico, dal basso.

È la testimonianza irrefragabile di quello che si sosteneva all'inizio della presente disamina: la *compenetrazione tra pensiero pedagogico e visione politica*.

Capitolo II

FEDERALISMO E QUESTIONE MERIDIONALE

«Nel vagone, che ci conduceva verso Bari, c'eravamo mia madre, io — avevo quattordici anni — e, fra gli altri signori, un piemontese, figlio di un capostazione, e un altro settentrionale.
"Postacci", diceva il piemontese, "creda pure che qui non ci si vive, beato lei che ritorna nel Nord. Qui aria cattiva, acqua pessima, dialetto incomprensibile che par turco, popolazione ignorante, superstiziosa, barbara [...]".
"Ma non siamo mica barbari, interruppi io, quando ci rubate i nostri quatt..."
Un atroce pizzicotto materno mi richiamò a più miti consigli».

G. Salvemini, *Opere, IV, vol. II, Movimento socialista e questione meridionale,* 1963.

§ 2.1. I primi segni del federalismo di Salvemini: le idee mutuate del federalismo di Cattaneo

Interamente catturato dalle idee cattaneane, Salvemini intravedeva nella formula federalista lo strumento che avrebbe permesso un capolavoro chirurgico nella fistola purulenta del parlamentarismo e del centralismo amministrativo e che avrebbe posto fine alle penose «*sopraffazioni dei prefetti*» ed alle beghe dei partiti «*per corrompere i deputati*»[1].

L'avvicinamento alle posizioni federaliste di Cattaneo accadrà ai tempi del liceo a Lodi, quando lo storico pugliese conoscerà le opere degli scrittori lombardi del Settecento e dello stesso Carlo Cattaneo.

Per Cattaneo, l'esercizio delle attività potestative dal basso costituisce la pietra angolare della libertà e della democrazia, per la qual cosa sono proprio le autonome entità politiche comunali a costituire il tessuto connettivo del potere come epifania politica democratica.

Per Cattaneo è la città la *cellula idealtipica*, per la qual cosa la palingenesi socio-politica dell'Italia del secolo undicesimo è la rinascita della Città con la posizione primaziale delle «*associazioni corporative artigiane*»[2].

> «*Il giorno in cui i comuni Italiani fossero veramente liberi da tutte le pastoie ad essi imposte dalle leggi centrali e non fossero più esposti agli scioglimenti, alle minacce, alle sopraffazioni dei prefetti e delle Giunte amministrative, e il governo centrale non avesse nulla...da vedere nell'andamento delle amministrazioni comunali, non solo la vita comunale potrebbe liberamente svilupparsi, ma anche i partiti...si troverebbero ad un tratto privi di moltissimi mezzi per corrompere i deputati ed opprimere il paese: i ministri non potrebbero più compra-*

---

[1] G. SALVEMINI, *L'autonomia comunale e il congresso di Parma*, in *Scritti sulla questione meridionale (1896-1955)*, Torino 1953, p. 126.

[2] C. CATTANEO, *La Citta considerata come principio ideale delle storie italiane*, in *Crepuscolo*, ottobre-dicembre 1858, ora in *Scritti storici e geografici*, a cura di G. SALVEMINI, Firenze 1957, p. 395.

re il voto di centinaia e centinaia di deputati a favore delle spese militari o della politica estera, concedendo in compenso lo scioglimento di un consiglio occupato dagli avversari; non vedremmo più le elezioni esser precedute sempre dall'invio nei comuni ribelli di commissari regi, incaricati di lavorare senza scrupoli a vantaggio dei candidati governativi; sarebbe impossibile lo scandalo della corruzione elettorale... per mezzo di promesse alle città, che si faranno rappresentare dai deputati ministeriali, e di minaccia alle altre»[3].

Sembra incontrovertibile l'assunto del Comune come ganglio vitale dell'autonomia dell'ente locale, mentre poca attenzione sembra destinata alle entità istituzionali intermedie.

Salvemini perviene ad opinare, sulla scorta del discepolo di Romagnosi, che l'Italia moderna non era stata partorita dalla progressiva amplificazione delle risorse potestative del monarca, ma dalla indiscussa posizione primaziale di limitate, ma perfette, realtà autonomistiche, processo che ha inizio — come sostiene S. M. Ganci — con la rinascita romanica e termina nel sedicesimo secolo.

Nel programma di Cattaneo successivo al 1848, la formula federativa, non sarebbe stato di nocumento all'idea di unità nazionale ed alla omologazione della produzione legislativa, questo perché l'unità avrebbe dovuto necessariamente comportare il rispetto della libertà e della molteplicità delle autonomie territoriali, senza caratterizzarsi come matrice autoritaria, atta a comprimere le suddette autonomie in qualità di centri di promanazione potestativa e di gestione politica.

Dopo la realizzazione dell'Unità d'Italia, il Cattaneo riesuma la rivista "Il Politecnico" e cerca di adeguare alla nuova sintesi socio-politica la sua idea di federalismo e la sua personalissima concezione del progresso economico e sociale che rifuggiva il metodo insurrezionale, nella convinzione che il progresso sarebbe scaturito da una rivoluzione pacifica, in virtù di un impulso riformistico che avrebbe sostanzialmente proseguito quello impresso alle istituzioni nel Settecento.

---

[3] G. SALVEMINI, *L'autonomia comunale e il congresso di Parma*, in *Scritti sulla questione meridionale (1896-1955)*, Torino, p. 126.

Ne deriverà pertanto un concetto di Federalismo più maturo, perché filtrato dal vaglio delle nuove vicende italiane, tutto permeato dall'idea che l'accentramento della intelaiatura burocratica sarebbe stato il primo, vero ostacolo, per il raggiungimento di una vera democrazia.

Difatti, il Parlamento italiano non avrebbe avuto né il tempo, né l'opportunità per disbrigare tutte le questioni che la centralizzazione legislativa e amministrativa convogliava verso di esso; per cui, nella realtà esse sarebbero state affrontate e risolte dall'apparato burocratico e non dalle assemblee legislative.

Invece:

> «*Il governo federale...a tipo svizzero o americano, sosteneva Cattaneo, affida agli uffici centrali le sole funzioni politiche di interesse nazionale...riduce al minimo la burocrazia della capitale, e permette su di essa un reale controllo del Parlamento centrale; conserva alle amministrazioni locali...tutta la direzione della vita locale, e permette...che tutti gli affari locali siano definiti direttamente dagli organi elettivi*»[4].

Ed inoltre le libertà delle istituzioni sarebbero state garantite da tutti i cittadini, i quali dovevano essere

> «[...] *obbligati al servizio militare, ma non allontanati... dalle occupazioni consuete, non chiusi per lunghi mesi nelle caserme... bensì educati al servizio militare fin dai primi anni delle scuole... e tenuti ad addestrarsi nelle armi in esercitazioni festive continuate, e chiamati alle manovre per pochi giorni, a periodi fissi*»[5].

---

[4] G. SALVEMINI, *Le più belle pagine di Carlo Cattaneo*, Milano 1922, ora in *Scritti sul Risorgimento*, a cura di P. PIERI e C. PISCHEDDA, Milano 1961, p. 385.

[5] G. SALVEMINI, *Scritti sul Risorgimento*, *op. cit.*, p. 387.

Questo perché

> «[...] *l'accentramento amministrativo esige l'esercito stanziale. Ordinamento federale e nazione armata sono lo stesso problema di libertà nazionale, risolto dal punto di vista civile e dal punto di vista militare*»[6].

Su questi temi Gaetano Salvemini, dopo il suo avvicinamento a Cattaneo, ritornerà nella sua riflessione sul modulo federalista, facendo suo ancor maggiormente l'insegnamento cattaneano.

§ 2.2. Formulazione del modulo federalista: l'autonomia del comune come cellula idealtipica

Il Federalismo salveminiano non è teoria che si esaurisce nella ricerca, ma teoria che si prolunga nell'attuazione pratica: un ideare per intervenire, una *prasseologia*. Lo storico di Molfetta cercò di tradurre in un progetto politico ed amministrativo l'idea federalista di Cattaneo.

All'inizio, le sue iniziali posizioni teoriche furono esternate con lo pseudonimo de «Il Federalista» e solo verso la fine del secolo diciannovesimo le sue opinioni, di matrice politico-amministrativa, divennero maggiormente articolate, fino a pervenire al tema dell'autonomia del Comune, con il tentativo di realizzare un vero e proprio movimento di opinione per la perorazione del suo programma.

In relazione a ciò scrive in una missiva, inviata all'amico Arcangelo Ghisleri: «*Aspetto di avere un po' di ore libere per lanciare l'idea di un Congresso di tutti i consiglieri sovversivi*». E, continua, facendo veicolare una nuova proposta politica: un congresso nazionale di tutti i consiglieri comunali democratici:

> «*E il congresso nazionale dei consiglieri democratici dovrebbe appunto discutere dei mezzi migliori per iniziare e spingere innanzi il mo-*

[6] G. Salvemini, *Scritti sul Risorgimento*, *op. cit.*, p. 388.

vimento. Il giorno in cui i nostri Comuni si federeranno fra loro e lanceranno audacemente al Governo il grido di guerra, in quel giorno la presente organizzazione reazionaria sentirà una scossa, che avrà effetti pari a quelli di una rivoluzione politica vittoriosa»[7].

Sugli scritti di quel periodo ritornerà molto spesso sulla problematica dell'ampliamento delle autonomie locali. In un famoso articolo sulla «*Critica Sociale*», Salvemini si soffermerà, sull'importanza delle sue proposte, auspicando un graduale e naturale passaggio al Federalismo.

I Comuni, dopo aver acquisito l'autonomia avrebbero avvertito il bisogno di associarsi tra di loro in vere e proprie federazioni regionali per la risoluzione delle questioni di comune interesse, senza aver bisogno di mendicare il *placet* del governo centrale.

«*Conquistandosi tutti i vantaggi inestimabili del federalismo senza il bisogno di una vera e propria rivoluzione amministrativa, la quale difficilmente potrebbe andar disgiunta da una rivoluzione politica*»[8], lo Stato italiano con gradualità e naturalezza, avrebbe segnato il suo passaggio dallo Stato unitario a quello federale.

Al termine del suo articolo presenterà la bozza di Statuto della Federazione nazionale fra i Comuni Italiani per la conquista dell'autonomia, anche se il progetto non verrà accolto nel Congresso di Parma, con sua somma delusione. Solo dieci anni più tardi si giungerà al Congresso Nazionale dei consiglieri comunali e provinciali socialisti, affidando ad una commissione composta da cinque membri il compito di redigere lo Statuto.

---

[7] Tre Stelle (pseudonimo di Gaetano Salvemini), *Per un congresso nazionale di consiglieri democratici*, in "*Avanti*", 18 agosto 1899, ora in G. SALVEMINI, *Movimento Socialista e questione meridionale*, Milano 1963, p. 137.

[8] Il Federalista (pseudonimo di G. Salvemini), *L'autonomia comunale e il Congresso di Parma*, in "*Critica sociale*", 16 ottobre 1901, ora in G. SALVEMINI, *Movimento socialista e questione meridionale*, Milano 1963, p. 226.

§ 2.3. Disegno federalistico e questione meridionale

> «*Nella federazione repubblicana saranno risoluti tutti i problemi, anche quelli dell'Italia meridionale. ... il proletariato agricolo...quando fosse diventato padrone degli enti locali per mezzo del suffragio universale, e non fosse stato impastoiato dall'accentramento amministrativo, avrebbe trovato la strada per portarsi a livello del proletariato settentrionale*»[9].

Risulta perciò evidente il distacco di Salvemini dalla critica marxista al formalismo delle istituzioni giuridiche della società borghese ed il suo progressivo declivio verso una prassi di revisionismo liberal-democratico che modificasse il costituzionalismo di conio liberale.

La sua polemica asperrima con il Partito socialista, colpevole di essere corifèo degli interessi degli operai del Nord, è amplificata dalla conformità del suo pensiero a quello di F.S. Nitti, il quale «*distrugge, in base a dati inconfutabili la leggenda che il Sud sfrutti il Nord, e dimostra che, nella famigerata unità mazziniana-cavouriana, gli interessi del Sud... sono ogni giorno sacrificati agli interessi del Nord... La ricchezza del Nord è prodotta dalla miseria del Sud*»[10].

Le divergenze con Nitti emergeranno sulle possibili soluzioni da dare al problema.

Nitti, pur denunciando questo stato di cose, credeva pur sempre nello Stato non federale, mentre per Salvemini era d'uopo la sua totale eliminazione.

I Comuni e le federazioni regionali dei Comuni avrebbero dovuto risolvere i problemi della viabilità, dell'ordinamento giudiziario, della Pubblica istruzione, delle risorse finanziarie e di tutte le questioni che non erano di pertinenza generale.

---

[9] G. SALVEMINI, *Riepilogo*, in G. SALVEMINI, *Movimento socialista e questione meridionale, op. cit.*, p. 671.

[10] G. SALVEMINI, *La questione meridionale e il federalismo*, in *Critica Sociale,* 16 luglio 1900, ora in G. SALVEMINI, *Movimento socialista e questione meridionale, op. cit.*, p. 162.

Il Federalismo era dunque «*l'unico sistema amministrativo, che possa eliminare ogni artificiale squilibrio finanziario ed economico tra le singole regioni italiane*» ed era l'unico mezzo per «fiaccare la reazione».

Il Federalismo avrebbe decentrato:

> «[...] *ad un tratto la Nazione, mettendola in minoranza nel Nord, lasciandola debole nel Sud, rompendo ad ogni modo il suo nodo vitale che è Roma; assicurerebbe fin dal principio la prevalenza nella politica generale della nazione alle correnti democratiche; e intanto faciliterebbe straordinariamente l'educazione politica delle masse meridionali*»[11].

In tale periodo, dopo una più attenta lettura delle opere di Carlo Cattaneo, la posizione federalista di Salvemini va a sostanziarsi maggiormente. Egli punterà l'obiettivo sulla questione del decentramento delle funzioni amministrative a diversi organi elettivi, concretatesi quasi a livello di quartiere. Prendendo le mosse dalla questione di governabilità di una città come Napoli, nella quale il Consiglio Comunale non riusciva a disbrigare tutti gli affari amministrativi, Salvemini proporrà di rifarsi all'esperienza amministrativa della città londinese, fondata sulla completa autonomia ed autogoverno dei singoli rioni, con la partecipazione diretta di tutti gli amministrati.

E sarà sul tema dell'autonomia che si svilupperà l'accesa polemica contro il governo Giolitti-Zanardelli, la cui politica condurrà ad un accentramento molto rigoroso, giuridicamente confezionato dalla legge del 1908 sullo stato giuridico dei funzionari pubblici.

E l'onda lunga e virulenta del suo polemismo non poteva non infrangersi anche sul Partito Socialista, colpevole di tutelare le aristocrazie operaie del Nord, a totale discapito del proletariato meridionale.

D'altro canto, la stessa presenza di amministratori di fede socialista all'interno dei Comuni del Nord significava:

---

[11] G. SALVEMINI, *op. ult. cit.*, p. 174.

«[...] *la compromissione dei socialisti settentrionali e la loro subalternità al carro giolittiano, o meglio l'accettazione delle angherie del Ministro della Malavita nei collegi elettorali del Mezzogiorno in cambio di qualche vantaggio, di qualche agevolazione per le cooperative della Valgardena o per le amministrazioni democratiche di qualche altra parte del Settentrione*»[12].

Il Partito Socialista, per Salvemini, avrebbe dovuto porsi come il baluardo di un processo oppositorio alla gestione del potere da parte dello Stato monarchico e borghese e come controcampo ideologico «*al radicalismo intellettuale*» e al cerebralismo parolaio delle forze legate alla Sinistra storica, il cui armamentario ideologico affondava le radici in una congerie di tartuferie culturali di foggia retorico-umanistica e che era, in definitiva, il substrato sociale e l'abito politico di un sistema scollegato dall'unica forza rinnovatrice del Sud, i contadini.

I socialisti avrebbero dovuto colmare questo *gap* socio-politico trasformando, con la proposta federativa ed il suffragio universale lo Stato accentratore e monarchico (partorito dalla opzione risorgimentale liberal-democratica) in una agile democrazia politica.

Con il federalismo e il suffragio universale il Partito Socialista avrebbe accolto nella sua dinamica politica gli spunti migliori del federalismo cattaneano e del popolarismo di Mazzini, adeguandoli alle nuove esigenze volte a tutelare gli interessi economici ed i valori sociali del contadiname meridionale, fino ad allora compressi dal connubio tra il conservatore latifondo del Sud ed il moderno capitalismo industriale e finanziario del Nord.

Per Salvemini, quindi, la questione agraria avrebbe condizionato lo stesso positivo sviluppo del fenomeno industrialista e sarebbe stata alla base di quell'accordo tra operai del Nord ed operai meridionali, cui poteva legarsi la ragion d'essere e la legittimazione dell'azione so-

---

[12] G. GALASSO, *Il meridionalismo di Salvemini*, in AA.VV., *Atti del Convegno su Gaetano Salvemini*, Firenze 8-10 novembre 1975, a cura di E. SESTAN, Milano 1977, p. 566 e ss.

cialista nella storia d'Italia[13].

Ritornando al tema del suffragio universale, secondo Salvemini la piccola borghesia:

> «[...] *sta dalla parte dello Stato unitario e favorisce ai terrieri l'egemonia economica assicurata già a questi dal protezionismo granario, e la tranquillità sociale già garantita dall'apparato repressivo della polizia, della magistratura e dell'esercito. Tutto ciò in cambio di un magro impiego erroneamente associato al rafforzamento delle strutture burocratiche dello stato*»[14].

Il processo che avrebbe dato la stura alla conquista del suffragio universale maschile sarebbe stata la conquista del *suffragio universale amministrativo*, che avrebbe amplificato il valore delle autonomie locali. Successivamente, con il suffragio universale nelle elezioni politiche si sarebbero potute eliminare le camarille clientelari e le sopraffazioni di Giolitti nei collegi elettorali del Mezzogiorno[15].

Il suffragio universale non avrebbe, peraltro, dovuto tener conto del grado di istruzione degli elettori, per non penalizzare la gran parte dei contadini meridionali, ancora in condizione di lacerante analfabetismo. Questa riforma del sistema elettorale gli sembrava imprescindibile ai fini della realizzazione della sintesi federativa:

> «*In un paese federale, nel quale cioè tutti gli interessi comuni sono amministrati dalle masse, e non da impiegati onnipotenti, viventi in una capitale lontana, nella quale bisogna avere un rappresentante possibilmente autorevole e ricco, in un paese non unitario le masse sono spinte dai loro stessi interessi giornalieri a prendere il loro vero*

---

[13] Articoli di G. Salvemini pubblicati su *Educazione Politica* tra il dicembre 1898 e il marzo 1899, ora in G. Salvemini, *La questione Meridionale,* ora in *Scritti sulla Questione Meridionale (1896-1955)*, Torino 1958, pp. 32-54.

[14] G. Salvemini, *La questione meridionale e il federalismo*, *op. cit.*, p. 87.

[15] I. Bigianti, *Il Federalismo di Salvemini*, in *Gaetano Salvemini tra politica e storia*, a cura di G. Cingari, Roma-Bari 1986.

posto di combattimento: nel federalismo la sovranità popolare può funzionare bene anche con un limitato capitale originario di educazione politica, e l'esercizio quasi giornaliero della sovranità permette una più intensiva educazione delle masse»[16].

§ 2.4. La fase matura del federalismo di Salvemini: il filtro dell'esperienza antifascista

Durante il periodo dell'esilio, quando sarà la voce dell'antifascismo e dell'opposizione a Mussolini, Salvemini aderirà al programma «Giustizia e Libertà», il quale prevedeva la instaurazione di uno Stato democratico repubblicano basato su amplissime autonomie, nel quale «*le funzioni del governo centrale*» fossero limitate «*alle sole materie che interessano la vita nazionale*»[17].

> «*Ogni regione può diventare uno Stato in piccolo. Le nostre regioni non sono piccole. Lo sarebbero come Stati indipendenti: non lo sono come stati federati*»[18].

È in tale articolo che l'aventiniano Emilio Lussu, fondatore con C. Rosselli e Francesco Fausto Nitti del movimento «Giustizia e Libertà» fa mostra della visione federalista del movimento.

Ed è dato leggere nel famoso articolo:

> «*Il centralismo ha fatto fallimento nel nostro paese. Ed è certo che il fascismo, quintessenza del centralismo, ha sviluppato correnti federa-*

---

[16] G. SALVEMINI, *Nord e Sud nel partito socialista italiano*, ora in *Scritti sulla questione meridionale, op. cit.*, p. 147.

[17] G. GALASSO, *La democrazia da Cattaneo a Rosselli*, Firenze 1987, pp. 129 e ss.

[18] *Quaderni di Giustizia e Libertà.* L'articolo si presentava con lo pseudonimo di "Tirreno" nel n. 6 del marzo 1933, p. 10.

listiche che probabilmente sarebbero rimaste ancora a lungo inerti senza il suo dominio... Queste correnti diventeranno tanto più forti quanto più il fascismo rimarrà in vita»[19].

Che tra Gaetano Salvemini e gli uomini di «Giustizia e Libertà» vi fosse vicinanza sul tema federalistico lo conferma un articolo di Leone Ginzburg, nel quale dopo aver affermato che:

> «[...] *non si aderisce... a G.L. Senza essere federalisti*»[20], aggiunge che: «[...] *era già Salvemini, nei primi anni del dopoguerra, a mettere in guardia i suoi stessi amici regionalisti dal pericolo di sostituire un'astrazione a un'altra, instaurando le regioni al posto delle province, e, notava, anzi, come la provincia, bene o male, esistesse da parecchi decenni in tutta Italia, mentre la regione andava riesumata e galvanizzata*»[21].

E lo scritto si chiude con un vero e proprio lumeggiamento del programma federalista salveminiano, nel quale campeggia l'istituto del Comune come pietra angolare della struttura federalista.

In definitiva, il Federalismo dello storico di Molfetta, dopo la frequentazione con nazioni a democrazia avanzata come Stati Uniti ed Inghilterra presenta tonalità decantate ed una connotazione sicuramente edulcorata rispetto alle iniziali posizioni.

Sosteneva difatti, in uno scritto datato 1949, che: «*Molte esperienze mi hanno costretto a mettere una certa dose d'acqua nel mio vino federalista di mezzo secolo fa*»[22], «[...] *Il termine regionalismo è assai pericoloso se include il concetto che le regioni debbano essere costituite per legge dai signori che stanno seduti a Roma, siano essi un dittatore o alcune centinaia di parlamentari* [...] *Le regioni* [...]

---

19 *Op. ult. cit.*, p. 22.

20 *Quaderni di Giustizia e Libertà*, *op. cit.*, n. 7 del giugno 1933, p. 48.

21 *Op. ult. cit.*, p. 52.

22 G. SALVEMINI, *Federalismo e regionalismo*, in "Il Ponte", luglio 1949, ora in G. SALVEMINI, *Movimento socialista e questione meridionale*, *op. cit.*, p. 638.

debbono nascere non perché una maggioranza nell'Assemblea costituente la Repubblica di là da venire deciderà che debbono nascere [...]». Sarebbe invece necessario «[...] *restituire ai comuni e alle province molte delle funzioni che sono state usurpate dalla burocrazia accentrata*»[23].

È facile mutuare dalla sue parole una sicura contrarietà all'attuazione di un disegno regionalistico predeterminato da un intervento legislativo delle istituzioni centrali:

> «*Se il federalismo assoluto del 1898-1902 ha dato luogo, negli scritti del 1945 e 1946, a un federalismo rettificato, ciò è avvenuto in base alle esperienze fatte nell'Italia meridionale fino al 1922, e fuori d'Italia nel trentennio successivo. Neanche negli Stati Uniti, che Cattaneo tenne a modello, la flotta e l'esercito sono divisi tra i quarantotto Stati della Federazione, o in Inghilterra fra le regioni (che lì sono chiamati "nazioni") col reclutamento regionale. In un paese come l'Italia, non conviene rinunziare a quel tanto di educazione politica che si può ottenere con un esercito a reclutamento nazionale*»[24].

La sicura influenza esercitata sulla sua visione federalista dalla sua permanenza nei paesi di cultura anglosassone, la quale può esser scorta dalle parole testé lette, modificherà, altresì, la sua opinione in ordine alla soppressione delle autorità prefettizie, specie nelle regioni del Sud Italia, dove era necessaria una maggiore presenza del potere centrale che arginasse la miopia politica della piccola borghesia intellettuale:

> «*Qui,* — egli sosteneva — *sarebbe necessario l'intervento di prefetti in molti più casi che nell'Italia settentrionale e centrale. Un autonomismo completo, quale si ha in Svizzera, in Inghilterra, e negli Stati Uniti, si-*

[23] G. SALVEMINI, *Federalismo, regionalismo, autonomismo*, in *La Critica Politica*, ott.-nov. 1945, ora in G. SALVEMINI, *Movimento socialista e questione meridionale, op. cit.*, p. 621.

[24] *Op. ult. cit.*, p. 688.

gnificherebbe nell'Italia meridionale abbandonare le Amministrazioni locali al malfare sfrenato della piccola borghesia intellettuale»[25].

Da tal genere di affermazioni è sicuramente dato intravedere l'avvicinamento di Salvemini, negli ultimi anni della sua esperienza politica ed umana, ad un vero e proprio *moderatismo federalista,* sempre filtrato dalla sua personale posizione culturale ed ideologica.

In sostanza, il Federalismo di Salvemini fu un Federalismo incentrato sull'*autogoverno comunale*, sulla partecipazione diretta dei cittadini alle risorse potestative, sulla formazione di organi intermedi tra il Comune e il Governo Centrale, organi di certo non eteroimposti, ma fatti nascere per sovvenire alle istanze locali di associazione tra più organi di base.

Ed, ancora, è d'uopo rammentare che il Federalismo di Salvemini mirava a spezzare il cerchio chiuso di quell'alleanza, di matrice reazionaria, tra latifondisti del Sud e potentati economici e finanziari del Nord, alleanza che costituiva il *pabulum* politico, alimentante il parossistico ministerialismo dei deputati meridionali, i quali andavano a braccetto con i mazzieri e gli ascari di Giovanni Giolitti.

Fu «*il federalismo di un meridionalista e di un socialista e Salvemini fu sempre socialista... a modo suo*»[26].

§ 2.5. Conclusioni

Salvemini fu di certo l'interprete più organico del nuovo meridionalismo democratico.

Le sue idee furono espressione della continuità tra coloro che impostavano la questione meridionale in termini di riforme legali e di interventi statali e quanti, invece, ne cercavano una soluzione nella maturazione politica ed in un'autonoma azione di riscatto delle masse.

---

[25] *Op. ult. cit.*, p. 689.

[26] I. BIGIANTI, *op. cit.*, p. 236.

Salvemini individuava nell'opposizione al sistema politico-economico instaurato in Italia in conseguenza del movimento risorgimentale, la condizione essenziale per il rinnovamento della società meridionale.

Il rigurgito autoritario e misoneista dell'istituto monarchico e dell'asse retrivo ad esso intimamente collegato, aveva causato la sclerosi del connubio tra borghesia liberal-progressista e forze monarchico-aristocratiche moderate, fatto che aveva consentito la costituzione di un sistema monarchico di matrice militarista, in funzione asseverativa delle forze socio-economiche dominanti nella sintesi sociale.

Il rifiuto da parte della borghesia della svolta autoritaria tentata negli ultimi anni del diciannovesimo secolo e l'ascesa dell'operaismo rendeva politicamente possibile, per Salvemini, la coesione delle forze democratiche e progressiste, contro la supremazia della roccaforte conservatrice.

In un primo tempo, Salvemini, individuava nel decentramento amministrativo, nell'autonomia regionale e nel conseguente programma federalistico, il mezzo idoneo per garantire l'alleanza tra forze democratiche borghesi e popolari, e la sua estensione a tutto il paese, mediante — come abbiamo visto — l'eliminazione del centralismo autoritario e repressivo dell'elemento statuale, espressione degli interessi dell'asse più reazionario della nazione.

In un secondo momento, tuttavia, sia per l'influenza su di lui esercitata dal pensiero di Giustino Fortunato, sia per il carattere particolare che andava assumendo la stretta connessione degli interessi e dell'azione delle masse operaie e dei settori industriali del Nord, Salvemini giungerà ad indicare nella maturazione politica dei ceti popolari del Sud Italia, nella loro partecipazione alla lotta democratica ed alla direzione politica del paese mediante il suffragio universale, il fondamento di ogni possibilità di alternativa democratica.

La denuncia e la lotta tenace ed appassionata contro la corruzione della classe politica meridionale, operata con sistematicità da Giolitti, la lotta per il suffragio universale, il programma per la formazione di una piccola proprietà contadina, sono elementi e momenti qualificanti del costante impegno culturale e politico di Salvemini per il Mezzogiorno.

Un impegno, che nonostante la profonda passione civile e la latitudine intellettuale che lo sorreggevano, risultò invero condizionato dai legacci sia di un'impostazione generale del problema meridionale che della situazione storica dei primi decenni del 900.

L'alleanza tra contadini meridionali e operai settentrionali, assunta da Salvemini come elemento fondamentale dello sviluppo democratico del paese, risultava piuttosto una dichiarazione programmatica che una concreta possibilità di azione politica: tra le altre cose, gli operai del Settentrione, più evoluti, non avvertivano con la stessa urgenza la necessità del suffragio universale come unico strumento di partecipazione alle risorse potestative dello Stato e godevano, tra l'altro, dei benefici del protezionismo industriale, in concorrenza di interessi con i settori imprenditoriali.

Il Partito Socialista e le organizzazioni sindacali esigevano e favorivano una politica di riforme sociali piuttosto che di radicali alternative al sistema.

L'alleanza tra operai e contadini risultava essere quanto mai utopica in virtù dei differenziati interessi delle masse settentrionali e meridionali, la cui diversità trovava una corrispondenza politica e amministrativa nelle posizioni del Partito Socialista, che non a caso rifiutava le tesi di Salvemini anche in merito al suffragio universale ed alla piccola proprietà contadina coinvolgente, altresì, il problema del latifondo meridionale.

Mentre per Salvemini, infatti, il suffragio universale avrebbe consentito non solo l'ingresso delle masse meridionali nella vita politica del paese, ma anche la cesura del monopolio politico della corrotta borghesia del Sud e la fine dello sfruttamento del Meridione e del blocco conservatore alla guida dello Stato, per l'ala riformista del Partito Socialista, esso avrebbe finito per favorire il gioco delle forze moderate e per ingabbiare le masse rurali, politicamente inesperte e culturalmente sprovvedute, nella subdola morsa dell'indottrinamento politico ed ideologico delle classi dominanti.

Ponendo come pregiudiziale non il suffragio universale, ma l'educazione politica del proletariato rurale del Sud Italia, i riformisti socialisti rimandavano indefinitamente nel tempo il riscatto del Meridione che essi, come ben comprendevano, forse anche meglio di Salvemini, avrebbe finito per dissestare l'ordito politico ed istituzionale e per minacciare le conquiste economiche e sociali della classe operaia settentrionale, della quale, specie, avevano a cuore gli interessi.

Tanto da giungere ad affermare che la politica protezionistica poteva essere eliminata solo per il grano, ma non per i prodotti industriali: in tal modo il tasso del tenore di vita degli operai settentrionali si sarebbe innalzato, senza che per essi andassero perduti i benefici della politica protezionistica.

Il che, in concreto, significava subordinare le esigenze e le aspettative del Meridione e delle masse contadine agli interessi del ceto operaio settentrionale.

Il Partito Socialista rifiutava, inoltre, l'ipotesi di Salvemini della *formazione di una piccola proprietà contadina come portato della dissoluzione del latifondo*: a Salvemini, che prevedeva una necrosi spontanea della proprietà latifondista e una sua appropriazione naturale da parte dei contadini, sfuggiva tutta la portata di un evento del genere, che comportava un impatto diretto e virulento tra masse rurali e casta dei proprietari terrieri, con conseguenze enormi sulla struttura economica, politica e sociale non solo del Mezzogiorno, ma dell'intero paese.

In effetti, il contrasto tra riformisti socialisti e Gaetano Salvemini era insanabile, perché determinato dalla contraddizione di fondo del rapporto tra Sud e Nord, tra sviluppo industriale settentrionale e sottosviluppo e ristagno meridionale: e Salvemini fu costretto ad uscire dal Partito.

Il limite del suo pensiero e del suo impegno meridionalista consisteva nell'ipotizzare l'esaurimento della lotta nel conseguimento delle riforme politiche e nella costituzione degli istituti giuridici che avrebbero consentito l'affrancamento delle plebi meridionali dalla loro miseria ed indigenza: una visione che discendeva dal suo tipico abito mentale prevalentemente razionalistico, e che conduceva ad una prassi di tipo illuministico, in una realtà che aveva, invece, bisogno di una rivoluzione di massa per essere modificata non solo epidermicamente.

Ed infatti, la concessione del suffragio universale, limitato al solo elettorato maschile, non significò nessun mutamento nella struttura del Sud, a causa dell'alto tasso di manipolazione elettoralistica perpetrata dalle classi dirigenti e lo stesso appello al connubio tra contadini ed operai finì per assumere il valore di una generica solidarietà, del tutto sganciata da una possibilità di attuazione pratica.

Con il suo revisionismo liberal-democratico Salvemini tendeva, in effetti, all'omologazione ideologica di due realtà socio-economiche, *sottosviluppo agricolo e sviluppo industriale,* alternative sia rispetto all'avvio industriale che alle differenti suscettività evolutive insite nell'una e nell'altra prospettiva.

L'iniziativa politica doveva quindi passare alle forze democratiche e popolari, che, sconfitte, nel Sessanta, avrebbero dovuto condurre ad una rilegittimazione democratica e popolare del Risorgimento sul programma federalista e meridionalista.

Il nesso tra socialismo e sottosviluppo precorreva tematiche che emergeranno solo con la crisi dell'imperialismo e con l'avvento della decolonizzazione: in questo consiste l'astrattezza e la suggestività intellettuale del Federalismo di Salvemini: nell'aver visto nell'industrializzazione settentrionale il frutto della supremazia e del dominio della parte più avanzata del paese su quella meno evoluta.

Queste drammatiche considerazioni non diluiscono, invero, la portata storica e politica del pensiero meridionalista di Salvemini, il quale ha esercitato una profonda influenza nella formazione di un costume civile e morale, la cui attuazione costituirà uno degli obiettivi precipui delle successive generazioni di meridionalisti e di uomini politici.

Il Molfettese, demitizzando la cultura politica italiana, ha espresso una tematica nuova, molti elementi della quale costituiranno il patrimonio politico-culturale di forze e movimenti anche ideologicamente divaricati.

Che all'impegno civile e culturale, sociale e politico dei meridionalisti democratici non corrispondesse una reale ed estesa incidenza nella realtà del tempo è ampiamente dimostrato sia dall'insistenza della politica governativa in interventi legislativi straordinari, disorganici e scarsamente efficaci, in una azione di corruzione capillare delle forze politiche meridionali, in una pratica di clientelismo e di intimidazione, sia dal ricorso delle masse popolari a forme di rivendicazioni spontanee e violente, sistematicamente represse con brutale ferocia.

Le condizioni del Mezzogiorno nel primo decennio, ed oltre, del Novecento, continuarono a peggiorare, nonostante lo sviluppo generale del paese, che ancora una volta provava drammaticamente che il sottosviluppo meridionale era funzionale all'evoluzione delle strutture economiche del Nord.

Ai contadini del Sud non restava altra via che l'emigrazione, una emigrazione massiccia, di massa.

Tra il 1901 ed il 1913 emigrarono in America, solo dal Sud, ben tre milioni e mezzo di lavoratori: gente povera, non istruita, spinta dalla disoccupazione e dalla miseria ad ingrossare l'esercito della forza lavoro al soldo dell'imperioso capitalismo statunitense.

Nel periodo di maggior progresso della nazione, dunque, l'imponente flusso migratorio delle masse meridionali testimoniava il cinismo della classe dirigente ed il perdurare dello stato agonico di un grave ammalato, al cui capezzale qualsiasi medico rifuggiva dall'intervenire.

Capitolo III

LA DEMOCRAZIA DI SALVEMINI: IL POSTERIORE APPRODO AI "LIDI MOSCHIANI"

«La democrazia è basata sull'assunto che nessuno è infallibile e che nessuno possiede il segreto del buon governo».

G. SALVEMINI, *Il mito dell'uomo Dio*, 1934.

§ 3.1. L'antifascismo di Salvemini: i rapporti con la «Concentrazione antifascista» e con «Giustizia e Libertà»

Dopo il delitto Matteotti, Salvemini aveva compreso che non poteva più limitarsi ad un'opera specificamente culturale, mentre gli elementi residuali di libertà stavano per essere completamente dissolti, ed amplificò volutamente la sua opposizione al Fascismo.

Dopo aver redatto un articolo, dove veniva denunciata la responsabilità di Mussolini nel delitto Matteotti, Salvemini prendeva parte ad una commemorazione di Cesare Battisti, che divenne una manifestazione dai toni decisamente antifascisti. Consigliò agli amici di ostentare il massimo disprezzo verso i fascisti, giungendo alla rottura dei rapporti personali, creando loro intorno una sorta di baratro morale.

Questo atteggiamento di intransigenza morale serviva a far confluire sulla sua persona l'odio dei fascisti fiorentini e fu proprio da allora che l'Università di Firenze divenne arena di asperrime lotte tra studenti fascisti ed antifascisti.

Dopo il discorso del 3 gennaio 1925, con il quale Mussolini dissolveva le ultime libertà dello stato liberale, insieme ai fratelli Rosselli, a Nello Tarquandi e a Dino Vannucci, Salvemini contribuiva a dare alla luce uno dei primi giornali clandestini diffusi durante il Fascismo: il «Non mollare», il quale si poneva come critica delle posizioni aventiniane, considerato che — secondo Salvemini — l'Aventino non aveva compreso che la *«seconda ondata»*, tante volta minacciata da Mussolini, ormai li aveva travolti.

> «*Bisognava far punto da capo, e prepararsi ad una resistenza lunga e ben dura*»[1].

Dopo pochi numeri, a seguito della delazione di un tipografo, Salvemini venne tratto in arresto. Riuscito a sottrarsi alla violenza squadrista, dopo una breve sosta a Firenze, si rifugiò prima a Napoli, dove

---

[1] G. SALVEMINI, "*Il non mollare*", in "*Non mollare*" (1925), Firenze 1959, p. 3.

fece visita a Giustino Fortunato e poi a Sorrento nella villa della marchesa Benzoni[2].

In virtù dell'amnistia del 25 luglio, concessa per favorire i collaboratori di Mussolini che erano in prigione per il delitto Matteotti, Salvemini si sentì libero a norma di legge ed assunse la decisione di espatriare. Mussolini, dal canto suo, non sembrò gradire l'espatrio di uno storico della latitudine intellettuale di Salvemini, perché la sua notorietà all'estero suonava come una condanna perpetua del Fascismo nei confronti degli intellettuali di tutta Europa. Proprio in ragione di ciò, il Ministro dell'Istruzione, Pietro Fedele, reiteratamente invitò Gaetano Salvemini a far ritorno in Italia, offrendogli altresì la possibilità di studiare due anni all'estero, con la conservazione dello stipendio.

Ma

> «[...] *quell'offerta mi fece l'impressione di una sferzata sulla faccia. Se l'avessi accettata, avrei rotto ogni solidarietà con gli antifascisti, avrei dovuto interdirmi ogni critica al regime che mi faceva quel favore, e mentre i miei amici in Italia rischiavano libertà e vita nel resistere al fascismo, io me la sarei goduta all'estero studiando a spese del governo fascista*»[3].

Dopo aver soggiornato brevemente in Francia, lo storico di Molfetta si reca in Inghilterra, a *London*, dove inizia la sua carriera di sostenitore delle libertà e della democrazia contro la barbarie fascista.

In quegli anni vi era in Inghilterra un grande interesse nei confronti dell'esperienza fascista ed è in questo periodo che viene alla luce il primo libro di Salvemini sul Fascismo, *La dittatura fascista in Italia*, dai contenuti decisamente polemici.

In effetti, il *trait d'union* tra lo storico pugliese e le pietre angolari dell'antifascismo che a Parigi avevano posto in essere la concentrazione dei partiti antifascisti, va a sostanziarsi nella decisa importanza tributata alla propaganda nelle varie realtà europee, nella continua de-

---

[2] L. M. SALVADORI, *Gaetano Salvemini*, Torino 1963, p. 62.

[3] G. SALVEMINI, *Memorie di un fuoriuscito*, Milano, 1960, p. 8.

mistificazione dei persuasori occulti del regime e dell'opera di sensibilizzazione dell'opinione pubblica internazionale sulla minaccia costituita dal Fascismo[4].

Per intanto, Salvemini, nell'estate del 1927 si reca a Parigi, dove prende contatto con gli uomini della Concentrazione, nella decisa convinzione che dovere degli esuli fosse quello di utilizzare strumentalmente la libertà di discussione per «*preparare e fare penetrare in Italia idee nuove capaci di dirigere utilmente l'azione degli antifascisti viventi in Italia, nella lotta contro la dittatura*»[5].

In effetti, da quanto affermato, risulterebbe un Salvemini proclive ad essere assimilato nell'azione antifascista della Concentrazione ma, in verità, i conflitti erano presenti ed alcuni erano pure radicali.

Il più importante motivo di dissenso, la discrasia assiologica più evidente, riguardava l'esegesi della nascita del fenomeno fascista.

I concentrazionisti peroravano un'interpretazione del Fascismo data dai socialisti riformisti Turati e Treves, secondo i quali era stato il primo conflitto mondiale ad interrompere il graduale processo di ascesa del proletariato in atto in tutta l'Europa occidentale, ed a generare il Fascismo.

Diametralmente opposta la tesi salveminiana, lontana dalle aure idealizzate dello stato liberale prefascista e che si chiudeva con una sentenza di condanna per quei partiti storici della sinistra, di cui i concentrazionisti si ponevano come i continuatori in esilio.

> «*La vittoria del fascismo* — scriveva lo storico — *non è avvenuta senza una ragione. Sarà stata incapacità intrinseca delle dottrine... il fatto sta che tutti i partiti tradizionali si sono rivelati inetti a resistere al fascismo. Mussolini è a Roma, e noi siamo a Parigi, a Londra, a New*

---

4 S. Fedele, *Salvemini e l'antifascismo: i rapporti con la Concentrazione e con Giustizia e Libertà*, in G. Cingari (a cura di), *Gaetano Salvemini tra politica e storia*, Bari, 1986, p. 394.

5 G. Salvemini, *L'opera degli emigrati, III, Avere idee nuove*, in "La Libertà", 14 agosto 1927, ora in G. Salvemini, *Scritti sul Fascismo,* vol. II, a cura di N. Valeri e A. Merola, Milano, 1966.

York, al domicilio coatto. Ora i partiti politici, come i commercianti, si giudicano il base al successo e all'insuccesso. Chi sviluppa la propria azienda gode fiducia. Chi fallisce, perde fiducia. Voi siete dei falliti. Certo, il successo non deve essere unica norma di giudizio. Un commerciante può fare affaroni ed essere un ladro. La impresa fascista ha avuto uno sviluppo prodigioso; eppure noi preferiamo andare in giro per il mondo con le scarpe scalcagnate, piuttosto che essere azionisti di quella impresa. Ma se il successo non deve essere norma di giudizio morale, l'insuccesso, specialmente se è troppo grave, non può non essere norma di giudizio politico! I partiti politici sono fatti per vincere o per lo meno per dare la speranza di una vittoria, sia pure lontana. Partiti che subiscono disfatte strepitose come quelle che sono toccate ai partiti antifascisti italiani in questi ultimi anni, non possono pretendere alla intangibilità delle loro tavole»[6].

Emblematica la lettera che il meridionalista Tommaso Fiore invia il 16 gennaio 1923 a Salvemini:

«*Si vuole assolutamente che tutto il paese entri nei fasci, e manganello per i capi che si dimettono, come per quelli che non entrano, che ormai sono pochini. Appresi anche che S. E. Caradonna, in vista dell'amnistia, diceva di essere dolente di non averne ammazzati di più. Limongelli, che è segretario della federazione provinciale fascista, ha rivolto una lettera ai giornali, violentissima, contro la Deputazione e il Consiglio Provinciale, perché le strade sono tenute male e gli appaltatori farebbero i grandi elettori. Si mira allo scioglimento del Consiglio Provinciale, come si è minacciato per Lecce e Foggia. Che cosa ci sia di sotto non so, ma pare che il fascismo sia troppo favorevole alla soluzione del porto di Bari nel senso voluto dall'Italo-francese, affare di moltissimi milioni e di poca pulizia. Così si sopprimerebbe la voce del Consiglio Provinciale. Staremo a vedere. Se le interessa, ho saputo che son passati al fascio anche il Cap. Palladino, che fu con noi il '19 e si iscrisse al partito socialista il '21 e certo non dei*

---

[6] *Op. ult. cit.*

peggiori, nonché un tale Caso di Bari, della stessa situazione. Bonito fu aggredito dai fascisti di Cerignola e non se ne sa più nulla. Di Bitonto non ho notizie. Io sono tornato a leggiucchiare...A proposito, Laterza mi diceva che il Sen. Fortunato ha avuto vivaci alterchi con Benedetto Croce a proposito del fascismo».

Preoccupato di ridare nerbo alla lotta antifascista in Italia e fuori di essa, nell'estate del 1929 fonda, insieme a Carlo Rosselli, Emilio Lussu, Alberto Tarchiani, Fausto Nitti e Alberto Cianca il movimento «Giustizia e Libertà».

L'appello lanciato dai fondatori del movimento, di «*archiviare le tessere*» dei vecchi schieramenti partitici e cercare l'unità di azione antifascista risentiva — invero — dell'influenza di Salvemini che, un anno prima, nell'opuscolo «Il primo dovere: riconquistare la nuova libertà» aveva proposto una tesi similare affermando che:

> «[...] *i partiti oggi in Italia non esistono più. Prima che i partiti possano esistere di nuovo, è necessario conquistare la libertà per tutti. Prima che nuovi movimenti di idee possano nascere, è necessario conquistare la libertà di movimento alle idee. Noi non domandiamo a nessuno che rinunci agli ideali del suo partito. A tutti coloro che non pretendono di imporre con la prepotenza le loro idee agli altri, perché credono nel metodo della libertà, noi domandiamo di associarsi tutti in uno sforzo comune per conquistare a tutti la libertà. Conquistata la libertà, i partiti si ricostruiranno e ciascuno prenderà nella lotta civile il posto che le sue convinzioni, i suoi interessi, le sue tradizioni gli consiglieranno. Prima conquistiamo il diritto di vivere, e poi dividiamoci secondo i programmi di vita che ciascuno di noi crede migliori. Programma immediato comune: la conquista delle nostre libertà*»[7].

Lo scritto, risalente al 1928, precisa in anticipo il dato strutturale del movimento «Giustizia e Libertà», inteso come organismo unitario

---

[7] G. SALVEMINI, *Il primo dovere: conquistare la Nuova Libertà,* Roma 1928, ora in G. SALVEMINI, *Scritti sul fascismo*, vol. II, *cit.*

di azione e di lotta, teso al coagulo di diverse realtà partitiche ed ideologiche.

Altri elementi decisamente convergenti erano la realizzazione della repubblica di matrice democratica e l'iniziale posizione interclassista dell'antifascismo di «Giustizia e Libertà».

Difatti, Nello Rosselli sosteneva che «*fondando due anni or sono Giustizia e Libertà noi partimmo da una premessa fondamentale e cioè che la battaglia contro il fascismo non potesse e non dovesse condursi su una piattaforma di classe...*»[8] e l'affermazione trova straordinaria aderenza nello scritto di Salvemini, in cui egli sosteneva che

> «[...] *la divisione tra fascisti, antifascisti e indifferenti non coincide con nessuna differenziazione sociale. Fascisti, antifascisti e indifferenti ne troviamo tra gli industriali come fra gli operai, fra i proprietari di terre come fra i fittavoli, i mezzadri, i braccianti, fra i professori e fra gli analfabeti, fra i bottegai e fra gli impiegati (...) Per noi la lotta tra fascisti e antifascisti non è una lotta fra due sole classi; è una lotta degli uomini liberi di tutte le classi, contro i prepotenti di tutte le classi... Noi consideriamo nostri nemici quei capitalisti che sono antifascisti e nostri nemici quei proletari che sono fascisti. Alla conquista della nuova libertà noi convochiamo tutti gli italiani degni della libertà*»[9].

Ma è pur vero che non mancavano gli elementi dissonanti tra le opinioni salveminiane e le tesi del movimento *giellista*.

Lo storico pugliese non gradiva la sottovalutazione dell'azione propagandistica all'estero e la posizione primaziale assegnata — invece — a quella svolta nel territorio nazionale: pur tuttavia, ciò non impedì a Salvemini di collaborare, negli ultimi mesi del 1931, alla redazione dello «*schema di programma rivoluzionario di Giustizia e Libertà*».

La testimonianza incontrovertibile dell'influenza da lui esercitata nella stesura del programma va a denotarsi nella prospettazione delle

---

[8] Da una lettera di Rosselli a Rodolfo Morandi del 1931, lettera riportata in S. MERLI, *Il dibattito socialista sotto il fascismo,* in *Rivista storica del Socialismo* 1963, n. 10.

[9] G. SALVEMINI, *Il primo dovere: conquistare la Nuova Libertà, cit.*

strategie atte e risolvere la questione agraria: il movimento pensava — all'indomani dell'abbattimento del Fascismo — alla costituzione di una diffusa *aristocrazia contadina proprietaria*, capace di configurarsi come nuovo ceto consensuale per la nuova repubblica: una repubblica aliena dalle vellicazioni misoneiste così come pure dagli arditi voli leninisti.

Dopo questa collaborazione sarà sempre più deciso il distacco di Salvemini dalle radici storiche del movimento e il divorzio sarà causato da alcuni aspetti determinanti: la strizzata d'occhio ai partiti tradizionali con l'ingresso del movimento nella «Concentrazione»*:* inoltre, la successiva caratterizzazione di «Giustizia e Libertà» come movimento di matrice socialista, con venature autonomiste, democratiche e libertarie.

A partire dal 1935 l'amicizia filiale tra Salvemini e i *giellisti* sarà conclusa e resteranno soltanto i rapporti amicali con Carlo Rosselli: questo sino alla tragica morte dell'amico, avvenuta ad opera del pugnale dei *cagoulards,* che agivano sotto l'egida dello spionaggio fascista.

Sempre fedele all'applicazione del metodo storico, Salvemini fu efficace dissolutore di gran parte della *mitologia* che la propaganda fascista aveva eretto a sistema di consenso, *in primis,* la credenza che il regime avesse salvato l'Italia dal comunismo.

Salvemini sapeva che le violenze fasciste avevano preceduto quelle socialiste e che la concreta possibilità di proposizione storico-politica del bolscevismo in Italia non c'era mai veramente stata, nemmeno nel periodo di lotte, quello del 1919-1920, passato alla storia come "biennio rosso".

Intravide, invece, responsabilità pesantissime della Monarchia nella determinazione dell'ascesa del Fascismo ed analizzò anche il corporativismo, lumeggiandone il carattere di grande operazione di propaganda, al fine di celare il fatto che le la libertà delle organizzazioni dei lavoratori si era fortemente compressa, se non annullata, mentre le organizzazioni padronali avevano mantenuto un potente autonomismo.

Difatti, secondo Salvemini, il corporativismo produsse un'amplificazione dei quadri e delle funzioni della Pubblica Amministrazione, determinando una crescita ipertrofica del potere burocratico.

§ 3.2. Gaetano Salvemini: il concetto di «democrazia»

Sarà sui «*Quaderni di Giustizia e Libertà*» che Gaetano Salvemini svilupperà una delle ricorrenti tematiche della sua virulenta polemica contro l'esperienza fascista.

Parliamo della famosa antitesi «*democrazia-dittatura*».

La celeberrima antitesi è sostanzialmente legata all'antitesi tra visione empirica e visione speculativa del processo storico e ne rappresenta l'immagine speculare. La conferma può trarsi dal confronto tra l'articolo *Il mito dell'uomo-Dio*, pubblicato sui «*Quaderni di Giustizia e Libertà*» ed un altro suo scritto, *Empirici e teologi*, il testamento spirituale di Salvemini, secondo Vivarelli.

L'empirico, «*al quale nessun spirito santo o profano ha mai detto dove vada il mondo deve sempre essere disposto a riconoscere di avere sbagliato, e quindi deve essere tollerante delle idee altrui*».

La forma di governo che corrisponde a tal modo di vedere le cose è quella fondata sul principio della tolleranza, del rispetto delle minoranze, sui principi delle verità relative e sempre rivisitabili:

> «*Noi non abbiamo alcuna certezza* — sosteneva — *di possedere la verità assoluta nelle questioni sociali. Per conseguenza siamo tenuti a rispettare i punti di vista che sono in opposizione con i nostri.* [...] *In altre parole, dobbiamo rispettare il principio della tolleranza reciproca*»[10].

E, nello stesso scritto, proseguiva, chiosando, la portata di questa tolleranza:

> «*Ma questo è un dovere giuridico, non intellettuale o morale. Rispettare il principio giuridico della tolleranza non significa cedere di fronte a coloro che pensano diversamente da noi né esser pronti a cambiare le nostre opinioni come banderuole al vento. Noi e i nostri oppositori abbiamo lo stesso diritto di sostenere le nostre opinioni e lo stes-*

---

[10] G. Salvemini, *Dall'umiltà alla tolleranza*, ora in Opere, VIII, *Scritti vari*, pp. 135-185.

so dovere di rispettare negli altri quel diritto. Ma non abbiamo alcun obbligo di essere intellettualmente tolleranti o moralmente tolleranti dei loro misfatti. Se vogliamo conservare il rispetto di noi stessi è nostro diritto intellettuale e nostro dovere intellettuale di sostenere senza compromessi il nostro punto di vista e di essere intellettualmente intolleranti dei loro errori finché essi non ci abbiano convinto con argomenti abbastanza forti che noi ci sbagliamo. Se essi dovessero riuscire a convincerci che ci sbagliamo, dobbiamo diventare intellettualmente o moralmente intolleranti del nostro errore ed eliminarlo istantaneamente»[11].

Il metafisico, dal canto suo, parla sempre a nome della Ragione, del *Logos*, dello Spirito Assoluto, e quindi sa esattamente dove sia diretta la Storia, perché «[...] *quel Dio, o logos, o ragione,* [...] *non lasciano andare gli uomini traballoni verso risultati non previsti, ma li guidano verso fini da essi predisposti*»[12].

Resta chiaro quale sia per i metafisici la migliore forma di governo: quella in cui la verità è unica, eteroimposta, e coattivamente fatta accettare anche da coloro che tentano di controbatterla. Lo stesso tipo di caratterizzazione ideologica rinveniamo anche in un altro scritto salveminiano, *Il mito dell'uomo-Dio*, dove può leggersi:

«*La democrazia è basata sull'assunto che nessuno è infallibile e nessuno possiede il segreto del buon governo. La dittatura è basata sull'assunto che l'umanità è divisa in due parti ineguali: la massa, il "gregge comune", che nulla sa e nulla capisce; e una minoranza, "i pochi eletti", i quali soli conoscono il segreto per la soluzione di tutti i problemi*»[13].

---

[11] *Op. ult. cit.*

[12] G. SALVEMINI, *Empirici e teologi*, pubblicato sul "Ponte" del 31 gennaio 1968. Raccolto da Alessandro Galante Garrone tra gli scritti metodologici nel volume *Scritti Vari* delle Opere, pp. 197-203.

[13] G. SALVEMINI, *Il mito dell'uomo Dio* (1934) ora in *Scritti sul fascismo*, cit., p. 549.

La decisa perorazione degli ideali democratici sui *Quaderni* continua, non solo a detrimento del Fascismo, ma, altresì, anche a nocumento di una probabile configurazione di una dittatura proletaria.

E, difatti, nel famoso articolo «*Dittatura e democrazia*», lo storico tuona contro questa eventualità, dimostrandone l'infondatezza:

> «*Del resto, una dittatura comunista,* [...] *non si reggerebbe, in un paese come l'Italia, neanche una settimana. L'Italia non può vivere senza importare giorno per giorno dall'estero grano, carni, carbone, ferro, petrolio, cotone, ecc. Una Italia comunista perderebbe ogni credito sui mercati dei paesi ad economia capitalistica.* [...] *La posizione geografica e la conformazione delle coste, poi, dell'Italia renderebbero assai più agevole che non sia stato in Russia un intervento militare estero. E i pretesti di intervento non mancherebbero a nessun governo di buona volontà*».

E poi, in ogni modo, una dittatura non era comunque auspicabile, perché di qualsiasi matrice fosse, andava comunque a confliggere con il rispetto della dignità e della libertà dell'uomo:

> «*Poco ci importa se chi intende imporre con la forza la sua volontà, parli in nome del "proletariato", mentre chi ci tiene oggi i piedi sul collo parla in nome della "nazione".* [...] *Un altro esercito di mercenari,* [...] *ci opprimerebbe domani nell'interesse di una burocrazia irresponsabile che non sarebbe certo meno esosa né meno stupida né meno parassitaria dei capitalisti odierni. Noi non lavoriamo per sostituire al dominio di una oligarchia capitalistica il dominio di una oligarchia burocratica: noi lottiamo per mettere le classi lavoratrici italiane in grado di costruire liberamente, da sé, il proprio destino. Non invidiamo ai comunisti una dottrina in forza della quale essi trattano gli altri esseri umani come le Società protettrici di animali trattano i cavalli e i cani. Noi chiamiamo gli uomini ad essere uomini. Non ci attribuiamo il diritto di misurar loro, nella nostra insindacabile saggezza, la loro razione di pane promettendo loro di renderla più abbondante. Diciamo loro che la loro razione di pane deb-*

bono conquistarsela da sé, giorno per giorno, e che tanta ne conquisteranno quanta saranno capaci di conquistarne»[14].

Il concetto di "democrazia" è, in Salvemini, generato dalla disamina del rapporto diadico "*democrazia-dittatura*", dal quale prendeva le mosse per dissertare su ciò che fosse e ciò che non fosse democrazia e su quali fossero i principi in base ai quali un governo potesse definirsi legittimamente democratico. Ecco, quindi, che il concetto di democrazia, si ricava, *a contrario*, dall'analisi di ciò che, invece, non è democrazia.

Secondo lo storico pugliese, la transizione dal Fascismo al regime democratico doveva avvenire attraverso un governo dittatoriale che egli chiamava *dittatura per la libertà*.

Gaetano Salvemini (a sinistra) con lo scrittore e politico tedesco Uberto di Löwenstein-Wertheim-Freudenberg (al centro) e Mario A. Fei (1935)

[14] G. SALVEMINI, *Dittatura e democrazia*, ora in *Scritti sul fascismo*, vol. II, *cit.*, pp. 457-458.

Tale tipo di esperienza dittatoriale, per essere legittima, doveva essere temporanea (così che si sarebbe tornato alle libertà democratiche nel più breve torno di tempo possibile) ed eccezionale (configurandosi come la conseguenza indifferibile di circostanze fuori dall'ordinario).

Orbene, il Fascismo aveva dimostrato che il suo processo genetico non affondava la sua giustificazione in uno stato di necessità, in quanto — come sostiene Salvadori — al momento della Marcia su Roma, la recessione aveva superato la fase critica ed il pericolo del bolscevismo — se pure v'era stato — era stato decisamente fugato. Inoltre, il Fascismo, non detenendo il carattere della provvisorietà, si proponeva come soluzione politica stabilizzatrice e, conseguentemente, non poteva parlarsi di esso come "dittatura legittima".

In effetti, come lucidamente affermato da Norberto Bobbio, il Fascismo non restaurò un ordine antico, né instaurò un ordine nuovo, sovvertendo un regime libero senza proporre un ordine rivoluzionario e fu quindi un «*regime insieme liberticida e controrivoluzionario*».

Alcuni mesi dopo la Marcia su Roma, Salvemini, nel suo *Diario*, definisce esattamente ciò che debba intendersi per democrazia, sostenendo altresì che la sua lotta contro il Fascismo non poteva essere scollegata dalla sua posizione di alfiere delle istituzioni e delle libertà democratiche.

Era d'uopo, per lo storico, distinguere due significati essenziali del termine *democrazia*, a seconda che con tale espressione si indicavano le «*istituzioni democratiche*» oppure «*gli ideali democratici*»[15].

È icastico il riferimento alla distinzione tra "*democrazia formale*" (le istituzioni democratiche) e "*democrazia sostanziale*" (gli ideali democratici).

Formale la prima, perché è caratterizzata dai cosiddetti "*universali procedurali*", con l'impiego dei quali possono essere prese decisioni di contenuti diversi; sostanziale la seconda, perché fa prevalentemente riferimento a certi contenuti ispirati ad ideali caratteristici

---

[15] G. Salvemini, *Memorie e soliloqui, 18 nov. 1922- 24 sett. 1923*, ora in *Scritti sul fascismo*, vol. II, *cit.*, pp. 102-103.

della tradizione del pensiero democratico, *in primis,* l'egualitarismo[16].

Che le due modalità della democrazia siano necessariamente interrelate, Salvemini lo dimostra allorquando afferma che:

> «[...] *le istituzioni democratiche sono una parte degli ideali democratici, in quanto il mezzo necessario a raggiungere il fine ideale fa parte dell'ideale insieme col fine; ma da sé sole non esauriscono l'ideale democratico: questo si esaurisce nel fine, che debbono proporsi i democratici nella loro azione politica*»[17].

E l'attacco prosegue contro i "sinistrorsi" che pretendono di mantenere distinta la democrazia finale da quella strumentale.

> «*Deridere, svalutare, vituperare la democrazia in quanto è l'insieme delle "istituzioni democratiche" moderne, si comprende nei militari, nell'alta burocrazia civile, nei magnati della terra e dell'industria, della finanza, negli intellettuali che si sono fatta una posizione economica superiore.* [...] *Ma che della gente, la quale milita in partiti non oligarchici, non plutocratici, non autoritari, anzi pretende di combattere le plutocrazie, le oligarchie rigide ed ereditarie, i regimi autoritari, deridono la democrazia* [...] *è prova di vera scempiaggine*»[18].

Abbiamo dunque compreso che, per Salvemini, "*democrazia formale*" era insieme di mezzi, coacervo di regole procedurali indipendente dalla considerazione di fini; "*democrazia sostanziale*" era un certo insieme di fini, indipendentemente dalla considerazione dei mezzi adoperati per raggiungerli.

Lo storico di Molfetta aveva compreso che nell'articolata storia della teoria democratica, poiché si intrecciano motivi metodologici e motivi ideali (che si ritrovano amalgamati nella teoria rousseauiana

---

16 N. Bobbio, *Maestri e compagni*, Firenze 1984, p. 53.
17 G. Salvemini, *Memorie e soliloqui, op. cit.*, p. 104.
18 *Op. ult. cit.*, p. 104.

secondo cui l'ideale egualitario che l'ispira si realizza soltanto nella formazione della volontà generale), entrambi i significati di democrazia erano storicamente legittimi.

Ma sapeva benissimo che la legittimità storica del loro uso non autorizzava alcuna illazione sulla eventualità che potessero avere un elemento connotativo comune.

Di tale mancanza di un elemento connotativo era prova la sterilità del dibattito tra fautori delle democrazie liberali ed apologeti delle democrazie popolari, sulla maggiore o minore democraticità dei rispettivi regimi.

Ognuno dei due tipi era democratico secondo il significato di "*democrazia*" privilegiato dal difensore e non era democratico secondo il significato assunto dall'avversario.

La verità era che la democrazia perfetta avrebbe dovuto essere insieme "*formale*" e "*sostanziale*".

Le istituzioni democratiche, così come sono delineate da Salvemini sembrerebbero pervenire ad una vera e propria assimilazione a quelle di un regime liberale. È bene dunque avere presenti quelle che sono le differenze sostanziali tra democrazia e liberalismo.

Quest'ultimo, nella sua caratterizzazione storica fondamentale, è la teoria e la prassi della protezione giuridica, attraverso lo Stato costituzionale, della libertà individuale.

La letteratura europea ha approfonditamente esaminato il rapporto tra democrazia e liberalismo, la cui essenza è generalmente resa, da Tocqueville a De Ruggiero, Kelsen ed Aron, come relazione tra libertà ed eguaglianza.

Il liberalismo, in verità, include già un certo numero di eguaglianze, così come la democrazia aggiunge di suo nuove libertà.

Ma come già emerge sin dall'interpretazione tocquevilliana, i due principi implicano una logica differente. Il liberalismo in quanto tale richiede eguaglianza di diritti e leggi uguali, mentre diffida di eguaglianze dispensate gratuitamente dall'alto e di modi ineguali di egualizzare.

Le libertà della democrazia sono libertà "*di*", e lo spirito democratico è largamente insensibile al carattere pregiudiziale delle libertà "*da*", come appunto sostiene Giovanni Sartori.

Può anche dirsi che il liberalismo si incentra sull'individuo, la democrazia sulla società, e, pertanto, che il liberalismo ha un impeto verticale, mentre la democrazia ha uno slancio orizzontale. Se abbandoniamo la dimensione tocquevilliana dei principi e ci riferiamo a quella dei risultati, osserviamo che la distinzione è che «*il liberalismo è innanzitutto tecnica di controllo e di limitazione del potere dello Stato, mentre la democrazia è inserimento del potere popolare nello Stato*» (G. Sartori).

Pertanto, mentre la maggiore preoccupazione del liberalismo è la forma dello Stato (il metodo genetico della produzione normativa, il "*come*"), il problema della democrazia è l'oggetto, il contenuto di queste norme (il "*che cosa*").

Dopo queste doverose e scarne premesse, veniamo a quella che era la distinzione salveminiana tra liberalismo e democrazia. Lo storico pugliese è molto icastico sulla questione:

> «*Se per liberalismo s'intende "l'ideale liberale" e per democrazia si intende "l'ideale democratico", mi sembra che si possa dire che la democrazia è l'ammissione di tutti i cittadini all'uso delle istituzioni liberali"* [...] *La democrazia è un'estensione del liberalismo*»[19].

Egli reputava che storicamente i liberali erano coloro che consideravano i diritti personali e politici come monopolio ed appannaggio delle sole classi che si segnalavano per possesso e cultura, mentre il vero spirito democratico «*intende che tutti i diritti personali e politici siano uguali per tutti i cittadini senza distinzione di classe, religione, partito politico*»[20].

Tale differenziazione tra liberalismo e democrazia, non si esaurì in un mero esercizio di natura teoretica, ma fu da Salvemini adoperato come artificio ermeneutico nei confronti di un determinato periodo storico, l'Italia prima del Fascismo.

---

19 *Op. ult. cit.*, p. 105.

20 G. SALVEMINI, *Che cos'è un liberale italiano*, ora *in Scritti sul fascismo*, cit., p. 367.

Nel saggio *Fu l'Italia prefascista una democrazia?*, l'autore torna sul termine democrazia e la sua posizione rimane sostanzialmente immutata rispetto a quella espressa nel pagine del *Diario* del 1923.

> «*Un regime politico* — afferma — *può essere detto democratico solamente se riconosce tutti i diritti personali, tutti i diritti politici, e tutti i diritti sociali, a tutti i cittadini, senza distinzione di classe sociale, di razza, di religione e di opinione politica*»[21].

L'incontrovertibilità della democraticità di un regime è testimoniata dalla concessione del suffragio universale ed è proprio questo particolare aspetto che gli fece pensare che l'Italia prefascista fosse non una democrazia, ma un regime oligarchico, dove — come ha lucidamente rilevato Norberto Bobbio — solo un ceto selezionato godeva delle libertà civili e politiche.

§ 3.3. Gaetano Salvemini: la sua adesione all'Elitismo

Per *teoria elitistica* si intende quella teoria secondo cui in ogni società è sempre e soltanto una minoranza quella che detiene il potere, nelle sue varie forme, di contro a una maggioranza che ne è priva.

Può essere ridefinita come quella teoria secondo cui in ogni società il potere politico appartiene sempre ad un ristretto gruppo di persone, le quali hanno il potere di imporre, anche ricorrendo in ultima istanza alla coazione, decisioni valevoli per tutti i membri del gruppo.

La formulazione ormai classica di tale teoria è stata data da Gaetano Mosca negli *Elementi di scienza politica*:

> «*Fra gli elementi e i fatti costanti, che si trovano in tutti gli organismi politici, uno ve n'è la cui evidenza può essere facilmente a tutti manifesta: in tutte le società, a cominciare da quelle più mediocremente*

---

[21] G. SALVEMINI, *Fu l'Italia prefascista una democrazia?*, p. 14.

sviluppate e che sono arrivate appena ai primordi della civiltà, fino alle più colte e più forti, esistono due classi di persone: quella dei governanti e quella dei governati. La prima, che è sempre la meno numerosa, adempie a tutte le funzioni politiche, monopolizza il potere e gode i vantaggi che ad esso sono uniti; mentre la seconda, più numerosa, è diretta e regolata dalla prima in modo più o meno legale, ovvero più o meno arbitrario e violento, e ad essa fornisce, almeno apparentemente, i mezzi materiali di sussistenza e quelli che alla vitalità dell'organismo politico sono necessari»[22].

Resta evidente che i *teorici delle élites* (V. Pareto, G. Mosca, R. Michels), centrando la loro analisi sulle *élites* al potere, le hanno considerate essenzialmente come un'oligarchia, e hanno riconosciuto che processi di oligarchizzazione del governo sono inevitabili pure nelle democrazie, in quanto — come sostenuto — minoranze organizzate finiscono fatalmente per prevalere su maggioranze disorganizzate.

Per C. Wright Mills l'appartenenza al vertice del potere deriva da posizioni istituzionali che vengono occupate, con una continua osmosi tra le gerarchie, da un gruppo ristretto, per il quale esse diventano una sorta di bene ereditario. Questo gruppo dotato di un'elevata coesione interna si caratterizza per la comune estrazione sociale, per l'omogeneità dei valori e degli atteggiamenti, per i contatti familiari e personali.

La constatazione dell'esistenza di *élites* che tendono ad autoriprodursi come oligarchie è sempre apparsa inconciliabile con l'istanza di democraticità che sta alla base delle moderne democrazia parlamentari. L'incentivazione delle interazioni tra *élite* dirigente e massa, i processi di circolazione delle *élites* sono stati considerati, nella tradizione sociologica, come i correttivi in grado di riconciliare il concetto di minoranza dirigente con quello di democrazia.

Contributi in questo senso sono stati dati da J. A. Schumpeter e da R. Aron sulla base di un'analisi che scorge nelle democrazie moderne il prodotto della interazione tra *élites* rivali, espressioni di interessi antagonistici che, a livello di massa, sono organizzati in partiti.

---

[22] G. MOSCA, *Elementi di scienza politica*, 1896, p. 78.

La fortuna della teoria, a parte la sua pretesa di porsi come teoria scientifica nel campo della politica, derivava essenzialmente dal fatto di caratterizzarsi con una decisa matrice antidemocratica ed antisocialista che metteva alle corde, specie nella versione *paretiana*, l'idea del progresso indefinito (sostenuto dall'ascendente ceto borghese) e l'idea del democratismo egualitario, vacillante sotto il maglio del darwinismo sociale.

La teoria forniva, sostanzialmente, argomenti a coloro che volevano dimostrare che la storia è una reiterazione di conflitti, dove non contano gli ideali, ma la forza e l'astuzia, che le rivoluzioni non sono altro che la sostituzione di una classe dirigente a un'altra, che le masse sono solo strumentalmente utilizzate dalla nuova classe politica in ascesa.

In Mosca e Pareto la teoria delle minoranze che governano procederà parallelamente con una concezione sostanzialmente inegualitaria della società, con una visione ciclica del processo storico, con una quasi totale incredulità nei confronti dello spirito democratico, con un disprezzo verso le teorie socialiste e verso le masse sostenitrici di nuove intelaiature assiologiche.

La teoria servì, quindi, a canalizzare nel suo alveo tutte le vellicazioni antidemocratiche ed antisocialiste e permise di formulare la diade "*élite-massa*": con tale operazione si ribaltava la filosofia della storia proposta dalle dottrine socialiste, dove il motore del processo storico sarebbero non le *élites*, ma le masse.

Ma già con Michels e il successivo Mosca la teoria va ad imporsi per la sua valenza euristica e viene accolta come teoria storicamente corretta (per la sua scientificità) da scrittori liberali ed anche democratici, quali, per restare in Italia, Luigi Einaudi e Benedetto Croce, Piero Gobetti e lo stesso Salvemini.

Mosca, in un capitolo aggiunto nella seconda edizione, aveva delineato due diversi modi di costituzione di una classe politica: quando il potere veniva trasmesso per eredità, nasceva il regime aristocratico: quando, invece, veniva ad alimentarsi dalle classi inferiori, si poneva in essere un regime democratico.

Inoltre, parlava di due diversi modi di organizzazione delle classi politiche, secondo che il potere discenda dall'alto verso il basso, il che dà luogo a regimi autocratici; oppure provenga dal basso, ciò che dà luogo ai regimi che Mosca definì liberali, ma che avrebbe potuto chiamare anche democratici, sempre che si intenda contrapporre tale termine non ad "*aristocrazia*" ma ad "*autocrazia*".

In questo senso, la discrasia tra regimi aristocratici ed autocratici, da un canto, e regimi democratici e liberali, dall'altro, non deve essere ricercata nella presenza o meno di una classe politica: se mai, nel fatto, che nei primi vi sono *élites* chiuse e ristrette, e nei secondi, aperte e allargate.

Il *parlamentarismo* era quindi un regime che non smentiva affatto la teoria delle *élites*, perché esso era quel regime in cui la classe politica era più aperta e meno ristretta, oltre che controllata dal basso.

Dopo Mosca, i maggiori esponenti dell'elitismo furono il *gobettiano* Guido Dorso che, nel 1944, attese alla redazione di un saggio nel quale partendo dalla costatazione incontrovertibile dell'esistenza in ogni società di *"formazioni oligarchiche che formano l'ossatura di tutta la struttura sociale"*, delineò i rapporti tra classe dirigente e diretta, tra ceto dirigente e ceto politico, tra maggioranze politiche al governo e minoranze politiche all'opposizione in un regime pluripartitico.

Ed, infine, il *paretiano* Filippo Burzio, il quale dopo aver decisamente perorato lo spirito creativo delle minoranze, passava a sostenere che le migliori *élites* fossero quelle in concorrenza fra di loro, come ci insegna "*la lezione liberale*" e che venendo elette e controllate periodicamente dal "*demos*", non si impongono, ma si propongono, come ci insegna la "*lezione democratica*".

§ 3.4. La concezione elitistica di Gaetano Salvemini

La concezione che in qualsivoglia regime vi sia sempre una minoranza che detiene il potere non sembra incompatibile – secondo Bobbio – con l'affermazione che vi sono regimi molto diversi, secondo le diverse relazioni sussistenti tra *élites* e masse e tra *élite* ed *élite*.

Ci sembra quindi di poter dire che la teoria non risulta essere idiosincratica per la democrazia, a condizione che le *élites* siano continuamente controllate dalle non *élites*, e che vi siano più *élites* in concorrenza fra loro (che era poi la tesi di Burzio).

È questa, in sintesi, la "*lezione salveminiana*", brillantemente lumeggiata in un brano delle "*lezioni di Harvard*", nel quale lo storico afferma:

> «*In nessun regime democratico il potere è nelle mani di tutta la popolazione o della sua maggioranza. Il potere è nelle mani di quel partito che per il momento è sostenuto dai voti della maggioranza degli elettori, e questa maggioranza non è la maggioranza di tutta la popolazione, ma solo di quella parte della popolazione che si interessa di politica almeno quel tanto da partecipare alle elezioni. Tutti i partiti sono minoranze organizzate, che cercano di ottenere l'appoggio della maggioranza elettorale, e a sua volta questa maggioranza elettorale non è che una minoranza dell'intera popolazione*»[23].

Per Salvemini non differisce molto la situazione per un regime totalitario: l'unica differenza è costituita dal fatto che:

> «*Sotto un regime oligarchico o totalitario i diritti politici* [...] *sono legalmente il privilegio di una minoranza che possiede per diritto proprio il monopolio del potere. Una costituzione democratica garantisce gli stessi diritti politici a tutti i cittadini, senza distinzione di classe, religione, razza o appartenenza politica. Conseguentemente, una democrazia è un regime di libera concorrenza tra libere minoranze, anche in quei paesi dove le masse sono politicamente educate ed organizzate. Ma questa non è una buona ragione per considerare un regime democratico come identico ad un regime oligarchico o totalitario*»[24].

L'elitismo controbatteva, così, la conclusione di quanti affermavano che ogni regime era espressione della volontà di dominio di una

---

[23] G. SALVEMINI, *Lezioni di Harvard*, ora in *Scritti sul fascismo*, *cit.*, p. 345.

[24] *Op. ult. cit.*, p. 346.

minoranza organizzata, di un'oligarchia e rendeva icastico l'utopismo delle teorie democratiche che si libravano nell'"*iperuranio*" della sovranità popolare.

In polemica con il commediografo irlandese George Bernard Shaw, il quale sosteneva addirittura che il Fascismo fosse preferibile alla oligarchia puritana del suo paese, Salvemini replicava così all'"*iconoclasta*":

> «[...] *la democrazia diretta è possibile solamente nei piccoli centri del New England o nelle montagne della Svizzera. Nelle grandi agglomerazioni moderne, la democrazia non può che essere "rappresentativa"* [...] *I partiti politici dei regimi democratici sono minoranze organizzate, o, se più piace chiamarle così, "oligarchie" che ottengono dal corpo elettorale il mandato di amministrare il paese.*
> *Anche nei regimi dispotici il despota non può fare tutto da sé: deve essere assistito da una minoranza od "oligarchia" i cui componenti sono designati da lui e non da un corpo elettorale. Perciò si può bene affermare se così piace che i regimi democratici, non meno che i regimi dispotici, sono governati da "gabinetti di oligarchici"* [...]».

Ed inoltre:

> «*C'è una differenza essenziale fra la "oligarchia" di un regime dispotico, la quale non deve rendere conto ai cittadini e può mandare in galera o all'altro mondo chi osa farle opposizione e la "oligarchia" di un regime democratico, nel quale il diritto di critica è riconosciuto agli oppositori e l'elettorato può sostituire una "oligarchia" con un'altra*»[25].

Tutti i regimi sono, dunque, oligarchici, formati da specifiche minoranze, anche se la differenza è «*fra minoranze chiuse e minoranze aperte, fra minoranze rigide e minoranze fluide e soprattutto fra minoranze inette e minoranze capaci di farsi valere*»[26].

---

[25] G. Salvemini, *G. B. Shaw e il fascismo,* Parma 1955, ora in *Scritti sul fascismo*, vol. II, *cit.*, p. 316.

[26] G. Salvemini, *Fu l'Italia prefascista una democrazia?*, *op. cit.*, p. 167.

È proprio la concezione *moschiana*, la cui influenza Salvemini riconoscerà nella sua *Storia e scienza,* opera di metodologia della storiografia, scritta negli Stati Uniti nel 1938, nella quale, dopo aver chiarificato la teoria della classe politica, affermerà: «*S'io non erro, tutta la scienza storica corrobora la legge di Mosca*»[27].

E aggiungeva:

> «*Le istituzioni democratiche prendono gli uomini come sono. Esse non offrono una soluzione a tutti i mali. Esse non sono che strumenti adoperati dai popoli per discutere e risolvere i loro problemi, strumenti sempre preferibili alla guerra civile e ai regimi autoritari, che non sono altro che una guerra civile malcelata e costante*»[28].

È da tale passo che si evince la incapacità del popolo all'autogoverno e la progressiva sfiducia di Salvemini nelle capacità organizzative delle masse. Libero, oramai, dalle comunque tenui concrezioni marxiane degli anni giovanili, si accosterà dunque *alla teoria delle élites,* con la proposta di un'*azione etico-pedagogica* da svolgere sulle masse: per questo distinguerà tra coloro che, fiduciosi in tale possibilità educativa, si sforzeranno di educarle, e coloro che, scommettendo sulla irragionevolezza delle stesse, riterranno sempre che solo una scelta minoranza — e quindi un'oligarchia — possa esercitare le risorse potestative, qualunque sia il tipo di sintesi politica.

§ 3.5. Salvemini l'"Americano"

La sua presenza negli *States* non fu limitata all'insegnamento di Storia della civiltà italiana all'Università di Harvard, ma fu pure tutta tesa a far veicolare la verità sull'Italia fascista in tutti gli ambienti politici e culturali della democrazia statunitense.

---

[27] G. SALVEMINI, *Storia e scienza* (1939), ora in *Opere*, VIII, *Scritti vari*.

[28] G. SALVEMINI, *La sorte dell'Italia* (1943), in *L'Italia vista dall'America*, Milano 1969, p. 354.

Salvemini aveva individuato nell'America *l'idealtipo* del regime democratico ed aveva considerato la partecipazione degli Stati Uniti al conflitto mondiale l'inizio di *«una guerra per la pace»*, intravedendo nel paladino della *New Freedom*, Thomas Woodrow Wilson, il campione della liberaldemocrazia contro il nazionalismo oppressore.

Ammirava il tono idealistico che Wilson aveva dato all'intervento americano e concordava con lo statista quando egli affermava che, in relazione al primo conflitto bellico, si trattava di *«una guerra della libertà e del diritto, condotta affinché tutti i popoli, compresi i Tedeschi, avessero il diritto di autogovernarsi»*.

Con lo stesso *élan moral,* lo storico pugliese affrontava pure la questione della Società delle Nazioni: sosteneva che, da un canto, vi erano coloro che erano favorevoli alla pace ed alla cooperazione, come Wilson e Bissolati; dall'altro vi erano i nazionalisti come Clemenceau, Lloyd George, Sonnino, che volevano realizzare interessi particolaristici a danno dei perdenti.

Tutto preso da questa ammirazione verso l'America e verso Wilson che — come ha osservato Massimo Salvadori — non esitava a paragonare a Mazzini, nel 1933 Salvemini si stabilì negli Stati Uniti.

Erano questi gli anni della spaventosa stagflazione del 1929 e dei problemi della ricostruzione gravanti sulle spalle di Roosevelt: tutti elementi questi che Salvemini parve non convenientemente valutare, tutto assorto com'era a guardare a Roosevelt come il capo di una democrazia che avrebbe aiutato l'Italia a liberarsi dal giogo fascista.

Nel frattempo, lo scoppio della seconda guerra mondiale, l'intervento dell'Italia e le escursioni di Hitler nell'intera Europa lo richiamavano a nuove responsabilità.

E se la disfatta francese lo indusse alla disperazione, l'attacco italiano alla Grecia lo spinse verso una decisione che stava maturando da tempo: quella di assumere la cittadinanza statunitense.

Con tale colpo di coda non pensava solamente di determinare un'adesione morale al regime democratico, ma di poter essere più utile all'Italia, in quanto, la sua nuova posizione di cittadino americano, gli avrebbe consentito di esercitare una più decisa critica alla politica statunitense verso l'Italia: questo non gli sarebbe stato consentito se egli fosse rimasto l'esule politico in posizione di sempiterna riconoscenza verso il paese che l'aveva accolto.

Nell'estate del 1940, fonda, insieme a Lionello Venturi, Max Ascoli, Giuseppe Antonio Borgese e Giorgio La Piana, la *Mazzini Society,* che si proponeva di reiterare la lotta contro la propaganda fascista tra gli italiani d'America, informando, nel contempo, l'opinione pubblica americana sulle reali condizioni del paese e promuovendo una campagna a favore della repubblica democratica che sarebbe sorta dopo la fine del Fascismo.

Ma negli ultimi anni della guerra e nei primi del dopoguerra, i rapporti con le autorità americane peggiorarono decisamente.

Salvemini era stato un entusiastico sostenitore di Roosevelt negli anni 1939-1941 ed aveva seguito con diffidenza la politica di Churchill verso l'Italia a partire dal 1940.

Finì successivamente per convincersi del fatto che Roosevelt lasciava larghi spazi di autonomia a Churchill negli affari italiani.

Salvemini paventava che l'inglese si sarebbe certamente adoperato per la permanenza della Corona in Italia, e che alcune camarille misoneistiche della "*perfida Albione*" non avrebbero esitato — in nome di sedicenti interessi strategici dell'Inghilterra nel Mediterraneo — a togliere non solo i possedimenti coloniali all'Italia, ma a cedere Istria e Trieste alla Jugoslavia e finanche ad avanzare pretese sulla Sicilia e sulla Sardegna.

Per questo coacervo di motivazioni, si inasprirono i rapporti con Roosevelt e si interruppero i contatti con la *Mazzini Society,* in virtù del sostegno che la società ancora conferiva alla "*politica italiana*" di Roosevelt.

Non gli rimaneva che iniziare una campagna denigratrice contro la linea politica del *Foreign Office e dello State Department,* sui settimanali legati alla matrice progressista del liberalismo statunitense, cercando, in tal modo, di ottenere dai governi alleati una pace giusta per l'Italia, insistendo sulla indifferibile necessità di scollegare Mussolini e il regime dal popolo italiano.

Rimase della sua opinione anche dopo la consultazione referendaria del 1946, che affossò la Monarchia italiana: di fronte all'esito dei 12.717.923 voti a favore della nascente Repubblica, l'insigne storico e politico affermava: «*Inglesi ed Americani non sono riusciti a salvare la monarchia, ma sono riusciti a sabotare la repubblica nascente*»[29].

Ed aveva ancora una volta ragione.

Perché aveva compreso il clima del dopoguerra italiano e sapeva che, all'aspirazione verso una trasformazione in senso socialista delle strutture economiche e politiche, diffusa nella classe operaia e nella gran maggioranza di coloro che si erano battuti nella Resistenza contro il nazifascismo, rispondeva la volontà delle forze moderate di avviare la ricostruzione del paese restaurando l'ordinamento capitalista.

E queste forze — proprio come pensava — erano appoggiate dagli anglo-americani, nella cui "*zona d'influenza*" la conferenza di Yalta aveva appunto incluso l'Italia, e i cui contingenti militari occupavano militarmente la penisola.

---

[29] G. SALVEMINI e L. VALIANI, Cambridge, 13 giugno 1946, in G. SALVEMINI, *Lettere dall'America 1944-1946*, a cura di A. MEROLA, Bari 1967, p. 302.

Capitolo IV

LA STORIOGRAFIA DI SALVEMINI

«Lo storico empirico e lo storico teologo, messi di fronte ai fatti che debbono spiegare, prendon sempre due posizioni antitetiche. (...) Io, storico empirico, vi dichiaro francamente che non conosco il futuro, e che conosco appena frammenti del presente e del passato. Sono del tutto privo dell'Almight God complex».

G. SALVEMINI, *Empirici e teologi*, nel "Ponte", 31 gennaio 1968.

«*Com'è che il Salvemini prescinde interamente dal materialismo storico e cose affini? A che vale allora la pena di essere socialista?*»[1], si domandava nel 1902 Antonio Labriola.

Vent'anni dopo, il sincrono interrogativo del Labriola avrebbe assunto con Piero Gobetti la veste della contestazione e del giudizio: «[...] *raramente il suo marxismo è qualcosa di più che un'antipatia verso le superstrutture ideologiche, un amore per i fatti, che in lui scende direttamente dal Cattaneo*»[2] e l'apprezzamento di Gobetti avrebbe influenzato decisamente la critica più persuasiva.

Eppure, dal canto suo, Salvemini non avrebbe mancato di rievocarsi come attentissimo fagocitatore letterario, per gli anni 1894-1895, degli scritti di *Marx* sulla lotta di classe in Francia, sul colpo di stato di Luigi Bonaparte, sulla Comune, dello stesso *Manifesto*, e come scopritore del proprio «*vangelo nel "materialismo storico" di Antonio Labriola*»[3] oltre che come lettore della *Critica Sociale* di Turati.

Lo scostamento sicuramente sussiste tra l'utilizzatore del nuovo verbo e il non consapevole portatore, e la prova ce la dà lo stesso storico pugliese, che, salvo errori, non menziona Labriola nei suoi carteggi tra il 1895 e il 1911.

La ricostruzione del processo genetico di "*Magnati e popolani*" fornita da E. Artifoni ne conferisce logica spiegazione e motivazione, lumeggiando il fatto che non vi fu, in Salvemini, un itinerario scandito dall'insegnamento appreso dal 1890 in poi all'Istituto degli *Studi Superiori di Firenze*, poi dal suo avvicinamento al marxismo ed infine da una forma di *empirismo,* destinato a diventare la definitiva acquisizione di un abito scientifico e mentale: si trattò, piuttosto, di:

> «[...] *contemporaneità d'acquisizioni, miscela di storiografia delle antitesi di derivazione villariana e di aspirazione alla sintesi economica*

---

[1] G. De Caro, *Salvemini*, UTET, Torino 1970, pp. 96, 433.

[2] P. Gobetti, *Scritti politici*, Einaudi, Torino, 1960, p. 463.

[3] G. Salvemini, *Movimento socialista e questione meridionale*, Feltrinelli, Milano 1963, p. 668.

intesa come base di costituzioni sociali, di ascendenza latamente marxista (ma qui, invero, compiutamente loriana)»[4].

Il primo punto da chiarire è quello di «*storiografia delle antitesi di derivazione villariana*».

L'ascendenza dell'espressione è ottokariana e risale al famoso scritto di Nicola Ottokar *Osservazioni sulle condizioni presenti della storiografia in Italia*, apparso su «Civiltà moderna» nel 1930, in un periodo di vera e propria svolta della storiografia italiana.

Le "antitesi", di cui parla *Ottokar* erano quelle peculiari al:

> «[...] *campo della "storia comunale": la città del periodo iniziale continua sempre ad essere considerata come "centro borghese" contrapposto al contado feudale; la fase podestarile della storia comunale rispecchierebbe il predominio degli elementi feudali inurbatisi in seguito alla cosiddetta conquista del contado: tutta la storia successiva del comune sarebbe polarizzata intorno ad antitesi tra nobili e popolani prima, fra vari gruppi della classe popolare poi. Sempre il contrasto sociale è al centro del problema storico e il compito della storiografia si riduce a ricercare quale sia in quel dato momento l'antitesi che tutto domina e tutto determina, vale a dire trovare quella specifica chiave che dovrebbe aprire e spiegare ogni cosa*»[5].

Sin qui si rimane nell'alveo della famosa revisione *ottokariana* della storia comunale, che, isolando Gioacchino Volpe rispetto al più generale *indirizzo economico-giuridico* e presupponendo una direttrice storiografica di svolgimento da Volpe ad Anzilotti, contribuiva — allo stesso modo delle tesi di *Croce* — a smantellare, negli anni trenta, l'edificio storiografico eretto tra ottocento e Novecento.

Invero, nella tematica *ottokariana* v'erano pure implicazioni di

---

[4] E. ARTIFONI, *Un carteggio Salvemini-Loria, a proposito di "Magnati e popolani" (1895)*, in *Bollettino storico-bibliografico subalpino*, 1981.

[5] N. OTTOKAR, *Studi comunali e fiorentini*, La nuova Italia, Firenze, 1948, pp. 96-97.

tono più generale: si parlava infatti di

> «[...] *certi atteggiamenti mentali che io chiamerei materializzanti (e che del resto non sono affatto una peculiarità esclusiva dei seguaci del materialismo storico)* [...] *di materialismo nel senso psicologico e non filosofico, nel senso cioè di attitudine a materializzare. Siffatta mentalità ostacola la visione unitaria del mondo comunale in cui i contrasti, in quanto esistono realmente, non sono che aspetti di un insieme più complesso e non hanno significato che in riferimento alla vita del tutto*»[6].

Tutto ciò voleva significare che il materialismo storico poteva risultare compatibile con l'eruditismo ed il positivismo storiografico, che l'impostazione per antitesi era riscontrabile in «*tutta la tradizione risorgimentale e neoguelfa, e fuori d'Italia in Edgar Quinet, su fino al Sismondi* [...]»[7], tanto che Ottokar avrebbe potuto porre «*sotto l'egida della storiografia delle antitesi addirittura un libro nato tra il 1866 e il 1891 da un ciclo di lezioni venticinquennale*»[8] quale *I primi due secoli della storia di Firenze* di Pasquale Villari, il maggiore dei maestri di Salvemini.

E si ricordi quello che Salvemini scrisse, nell'importante saggio su Pasquale Villari, apparso nel 1918 sulla *Nuova rivista storica*, proprio a proposito di quest'opera:

> «[...] *felicissima* [...] *è la posizione intellettuale e morale del Villari innanzi ai "Primi due secoli della storia di Firenze". Per studiare questo argomento, il Villari non aveva che un materiale frammentario e poverissimo di cronache e documenti. Ma alle lacune delle fonti storiche suppliva l'alta attitudine sintetica dell'ingegno. E l'ingegno era sorretto e quasi moltiplicato da una simpatia calda, incondizionata. Si trattava qui di comprendere l'ascensione del popolo nostro dalla barbara*

---

[6] N. OTTOKAR, *op. cit.*
[7] E. ARTIFONI, *op. cit.*
[8] E. ARTIFONI, *op. cit.*

disorganizzazione feudale a quella potente civiltà artigiana e democratica dei nostri comuni... E in un magnifico slancio di pensiero e di simpatia, il Villari creò quasi dal niente la storia sociale e politica del Comune di Firenze, riducendo a luminosa unità i dati scarsi e discontinui delle fonti, scoprendo una successione necessaria di lotte di classe al di sotto di quelle, che erano state raccontate fino allora come capricciose risse personali e rivalità di famiglie... E se gli studiosi, che sono venuti dopo, hanno visto talvolta più lontano, lo debbono al fatto di aver potuto salire sulle sue spalle, e con tutto questo, anche oggi, le linee generali della storia comunale fiorentina restano quelle che il Villari tracciò mezzo secolo fa»[9].

Attribuendo a Villari la prima scoperta della "*successione necessaria di lotte di classe*" in contrapposizione alle più generiche "*rivalità di famiglie*", lo storico pugliese sembrerebbe giocare d'anticipo sulla ventura revisione *ottokariana*.

D'altro canto, l'insegnamento di Pasquale Villari non si era limitato alla storia comunale fiorentina, ma aveva riguardato alcuni dei migliori momenti dell'intelaiatura storiografica dell'800, da Guizot e Thierry a Tocqueville, da Macaulay a Buckle, o della storiografia frammista alla scienza politica, come nel caso di Bryce e Laveleye; e non dimentichiamo il magistero villariano nell'ambito della questione sociale e meridionale.

«*Che le sue fossero lezioni di storia e di metodo storico* — affermava Salvemini — *non si può dire. Provvedevano a questo gli altri insegnanti dell'istituto. Concordi, puntuali, inflessibili, ognuno di essi, in quella casa smobilitata o male ammobiliata che era la nostra coltura, si prendeva una stanza, e ci insegnava a tenerla in ordine, a restaurare i mobili sciancati, a trasformare o eliminare quelli di cattivo gusto. Lui entrava in tutte le stanze, spalancava porte e finestre, faceva circolare ovunque l'aria e la luce, disfaceva magari l'ordine degli altri. Ufficialmente, insegnava storia moderna. In realtà, ci insegnava una*

[9] G. SALVEMINI, *Scritti vari* (1900-1957), Feltrinelli, Milano 1978, pp. 63-64.

> *infinità di cose, compresa la storia moderna: ci insegnava soprattutto a non essere mummie, ad essere uomini»*[10].

A questa appassionata rievocazione di Villari, nel 1921, sarebbe seguita, a foggia di contraltare, quella di Achille Coen, dal 1888 professore di Storia antica presso l'Istituto di Firenze:

> «[...] *l'analisi delle fonti, la interpretazione e la integrazione dei testi, la discussione di tutte le ipotesi, di cui un problema era suscettibile, si seguivano, ogni notizia al suo posto, ogni idea al suo tempo, come plotoni di soldati ben disciplinati, come i macigni di certe fabbriche ciclopiche fatte per sfidare i secoli* [...] *Chi seguiva giorno per giorno, e poi ristudiava tutto insieme per la prova finale un corso intero, non approfondiva solamente un determinato soggetto di storia antica: aveva imparato a lavorare sul serio, su qualunque altro argomento, anche il più lontano»*[11].

Ritornato in Italia e apprestandosi a riprendere l'insegnamento all'Università di Firenze, Salvemini, nel celeberrimo discorso del 16 novembre 1949, *Una pagina di storia antica*, riprende gli spunti contenuti nelle pagine dedicate al Villari e a Coen, estendendo il ricordo anche agli altri maestri degli anni fiorentini, nella fattispecie al paleografo Cesare Paoli, dal quale mutuò l'indicazione delle fonti archivistiche sulla base delle quali:

> «[...] *risolvere un interessante problema: come la cavalleria aveva perduto nel comune di Firenze ogni carattere originario, diventando una decorazione non più militare ma borghese* [...] *Cercando di capire quello che era successo ai cavalieri del tempo feudale nei comuni borghesi, non potevo non inciampare nelle lotte tra i magnati e i popolani, nelle quali le ultime reliquie della società feudale erano state spazzate via»*[12].

---

[10] *Op. ult. cit.*, p. 66.
[11] *Op. ult. cit.*, p. 81.
[12] *Op. ult. cit.*, pp. 53-54.

Allorquando Villari ritornò all'Istituto fiorentino dopo il breve torno di tempo in cui fu Ministro della Istruzione — gli anni 1891-1892 —, Salvemini cominciò a lavorare sotto il suo magistero ed ecco, quindi, che *l'antitesi classista* più celebre della medievistica italiana, quella tra *magnati e popolani*, si sviluppa nell'alveo del metodo storico e dell'eruditismo, praticati all'Istituto.

Ma lo storico pugliese attribuì a *Villari* anche, sia pure in parte, l'approccio al socialismo:

> «[...] *a Villari spiegai che l'ultima spinta a diventare socialista me l'aveva data proprio lui; mi aveva fatto leggere l'opera di Laveleye, "De la propriété et de ses formes primitives". Quel libro rivelandomi che ci erano state nella storia società che vivevano in regime di proprietà collettive e ignoravano la proprietà privata, mi avevano insegnato non esser vero che la proprietà privata fosse innata nella natura umana, come mi era stato sempre detto*»[13].

L'incontro con il marxismo risale al 1894, con le letture di Marx, Labriola, Engels, e della *Critica Sociale*, e Salvemini, nel novembre 1949, non mancò di precisare: «[...] *anche il terzo anno universitario, nel quale mi si rivelò quella religione, fu un "annus mirabilis", sebbene non quanto il primo*».

Ripercorso con dovizia di particolari questo cammino salveminiano, Artifoni ha dimostrato come la tesi di perfezionamento discussa da Salvemini nella sessione estiva del 1895 fosse una «*prima stesura dell'opera maggiore*», cioè di *Magnati e popolani*.

Da tutto questo scaturiscono due importanti conclusioni.

La prima è che quando Giuseppe Salvioli si offrì di pubblicare la tesi dello storico di Molfetta sulla *Rivista di storia e filosofia del diritto* al fine di mostrare «*sotto la migliore erudizione* [...] *il fondamento economico della storia e della storia del diritto*» e di «*illustrare con la storia le idee del socialismo scientifico*», il riferimento non va a *La dignitá cavalleresca nel comune di Firenze*, come sostiene G. De Caro,

---

[13] *Op. ult. cit.*, p. 56.

bensì alla prima stesura, per l'appunto di *Magnati e popolani*, come sostiene Artifoni.

La seconda è che il carteggio fra Salvemini e Achille Loria del 1895 riguardò questo stesso testo, che Salvemini inviò in visione a Padova a Loria, di cui lo aveva impressionato *Les bases économiques de la constitution sociale,* apparso nel 1893.

In una successiva lettera, sempre datata 1895, il Molfettese affermava di come avesse dall'anno prima cominciato a leggere *Critica Sociale* e di come in questa rivista avesse trovato «*l'affermazione che tutti i fatti sociali hanno una base economica*» e che tale tesi, sia pure con molta incertezza, aveva trovato latamente nascosta in Toniolo e Quinet.

L'influenza di Loria su Salvemini non era sfuggita ad un acuto osservatore come Vilfredo Pareto, che in una lettera del 26 dicembre 1896 a Carlo Placci lo esortava a persuadere il suo «*giovane amico socialista*» che «*vuol rifare la storia secondo il Loria*» a leggere il saggio che Benedetto Croce aveva dedicato al Loria[14].

Salvemini non è direttamente chiamato in causa, ma di lui deve trattarsi, e il riferimento va alla *Dignità cavalleresca nel comune di Firenze*, apparsa nel 1896.

Ma, ancor prima della folgorazione loriana, sono rilevanti i riferimenti a Toniolo ed a Quinet.

L'esito di tutto ciò si riscontrava nel convincimento espresso da Salvemini a Francesco Papafava in una lettera del novembre del 1896, caratterizzato da una chiara preferenza per una sorta di storiografia dalle venature sicuramente naturalistiche:

> «[...] *secondo me, lo storico dovrebbe fare per i fatti passati ciò che Zola ha fatto per la società del terzo impero: fotografarli, spiegarne le ragioni, studiarli obbiettivamente, sopprimendo completamente la propria personalità*»[15].

---

14 V. PARETO, *Epistolario 1890-1923,* a cura di G. BUSINO, I, Roma 1973, p. 318.

15 G. SALVEMINI, *Carteggi I* (1895-1911), Feltrinelli, Milano 1968, p. 37.

Una celebre e ben solida scuola, *l'Istituto di Studi Superiori di Firenze*; influenze estrinseche alla scuola, ma compatibili con essa e consentanee al credo socialista: su tali basi doveva venire alla luce quel monumento storiografico che è *Magnati e popolani*.

Possiamo mutuarne due dati di certo in correlazione.

Il primo è il consolidamento della nuova tendenza storiografica nel solco della precedente, come ha lumeggiato sapientemente Artifoni.

Il secondo è che il materialismo storico, nella sola versione che in Italia avrebbe potuto aver cittadinanza, quella di Labriola, non incise in misura determinante sulla nuova "*lezione storiografica*", accettando temi e sollecitazioni solo se fossero risultati assimilabili all'interno della nuova temperie storiografica.

La lettura delle opere di *Labriola* fu un esercizio estrinseco, un incantamento intellettuale: non è casuale, pertanto, che Salvemini di Labriola non parli nelle sue lettere, e che la testimonianza di averlo conosciuto come "*vangelo*" sia assolutamente secondaria.

Il perché di questo, posto come interrogativo da Antonio Gramsci, ha una sola possibile risposta: perché fu così e, considerate le condizioni sociali, politiche, culturali e storiografiche, non poteva essere diversamente, in quegli anni.

L'analisi di Salvemini storico non può concludersi senza tenere a mente il fatto che, in due momenti della sua vita, negli anni 1901-1902 e nel 1938, lo storico speculò sulle basi logiche del problema storico.

Il suo celeberrimo "*concretismo*" non poteva non condurlo al quesito del se vi fosse un fondamento di scientificità nella conoscenza storica. Egli, ormai, discorreva del suo primo saggio, *La storia considerata come scienza* (1901-1902), quasi con compatimento: «*Figuratevi che allora credevo che la storia fosse scienza*»[16].

Questa concezione ha la tipica coloritura positivistica di quegli anni, quando era virulento il dibattito sulla storia come scienza o come arte.

Ma, dopo tanti anni, lo storico pugliese diversamente afferma:

---

[16] E. Rossi, *Il non conformista*, in *Il Mondo*, Roma, 17 settembre 1957.

> «*Compito dello storico è d'investigare e rappresentare i fatti sociali e i loro rapporti. Con questa ricerca si esaurisce l'opera dello storico, al quale sottentra poi il sociologo, che esamina i materiali messi in luce dalle scienze storiche e i fatti accertati dalle scienze sociali, e investiga se nella innumerevole, svariatissima congerie dei fatti umani presenti e passati e dei loro rapporti, esistano delle somiglianze, dalle quali risultino delle legge sociali, simili alle leggi secondo cui si sviluppano i fenomeni fisici*»[17].

La vera scienza, capace di produrre delle "*leggi*", è dunque la sociologia, avendo la storia una posizione prodromica, di supporto. Il fatto che il campo indagativo della storia sia ristretto ai «*fatti sociali passati e i loro rapporti*» configura un anello di unione con la concezione materialistica della storia e prefigura una polemica *ante litteram* della ventura *Nouvelle Histoire transalpina (1929)*, che si scaglierà contro quella "*histoire evenementielle*", avvezza a confondere gli epifenomeni per cause.

Salvemini, difatti, crede opportuna la reazione «*alle pretese di quella scuola storica, la quale pretenderebbe circoscrivere il campo delle ricerche storiche agli individui e alle vicende politiche degli stati*»[18].

Proprio in virtù del suo *concretismo*, lo storico ha anche poca fiducia nella storia collettiva:

> «*Del resto, anche dato e non concesso che la storiografia scientifica debba essere storiografia esclusivamente collettiva, sociale, e che la storia individuale non sia vera storia, si ha sempre il diritto di domandare: di grazia, in che modo farete la storia sociale, saltando di piè pari gli individui?*»[19].

Tale problema, invero, rimarrà irrisolto, perché lo storico non riu-

---

[17] G. SALVEMINI, *La storia considerata come scienza*, in *Rivista italiana di sociologia*, VI, p. 7 dell'estratto.

[18] *Op. ult. cit.*, p. 13.

[19] *Op. ult. cit.*, p. 17.

scirà a disbrigare la matassa dell'individuale e del collettivo. Per quanto concerneva, invece il carattere scientifico e non artistico della storia, risultava esser determinante il fatto che anche la storia rispondeva al principio di causalità e che anche le discipline scientifiche, persino la geometria, partivano da postulati «*discutibilissimi come qualunque miserabile nozione storica*»[20].

Quattro decenni dopo le concezioni di Salvemini su alcuni di tali punti erano completamente diverse.

La sociologia non ha più una posizione primaziale nei confronti della subalterna storia, ma entrambe marceranno a braccetto, integrandosi mutualmente; il problema di individuale e collettivo verrà definitivamente accantonato; la storia non è ancora accettata come una qualche cosa che non è arte né scienza, ma storia soltanto: «[...] *la differenza fra fatti materiali che sono ricorrenti e fatti spirituali che avvengono soltanto una volta, non esiste*»[21].

> «*Tutti i fatti sia nel mondo spirituale che in quello materiale sono unici*»[22].

Laddove il suo pensiero rimase immodificato, fu sul rapporto tra storia e scienza: già nelle prime idee su tali problemi, nella subordinazione della storia alla sociologia, era respirabile la funzione pratica e strumentale tanto della storia che della sociologia, e tale pensiero è più incalzante nello scritto del 1939, probabilmente anche per l'influenza del pragmatismo statunitense.

«*Direttamente o indirettamente, ogni ricerca storica mira a risolvere il problema fondamentale di sapere in quale modo una data situazione presente è arrivata ad essere qual è*»[23]; non è quindi una

---

[20] *Op. ult. cit.*, p. 39.

[21] G. SALVEMINI, *Storia e scienza*, La Nuova Italia 1948, pp. 60-61 (traduzione del testo inglese: *Historian and Scientist. An Essay of History and The Social Sciences*, Harvard University Press, Cambridge Mass. 1939.

[22] *Op. ult. cit.*, p. 62.

[23] *Op. ult. cit.*, p. 19.

conoscenza disinteressata, ma un *artifizio prasseologico*, mirante a sapere come intervenire sul presente e prevederne gli sviluppi futuri.

Difatti, con un passaggio dalla storia alle scienze sociali che non elimina del tutto la subordinazione della storia alla sociologia, Salvemini afferma che;

> «[...] *l'interesse riposto dalla società nello sviluppo delle scienze sociali... si fonda sulla speranza che presto o tardi le leggi – se ne esistono – a cui si conformano i fenomeni sociali, saranno scoperte e che la conoscenza di tali leggi ci aiuterà a regolare la nostra condotta in modo più intelligente*»[24].

Il tenue pessimismo insito in quel «*se ne esistono*» è sintomatico, se confrontato con la baldanza e la sicumera di quaranta anni prima.

Ora vi è un Salvemini da cui trasuda l'intuito della contemporaneità di ogni storia: non nel senso di Croce che la vita attuale è la ragione dell'interesse storico e la chiave ermeneutica, ma nel senso opposto che è il passato a determinare il presente ed a vivere interamente nel presente.

Tremende problematiche che lo avrebbero sempre maggiormente fatto scivolare nelle sabbie mobili dell'aborrita speculazione filosofica: «*Non che mi manchi il desiderio di salire a tali altezze (della filosofia); semplicemente non ne ho le capacità. A tali altezze l'atmosfera è troppo rarefatta per i miei polmoni e il mio cuore*»[25].

Ciò che, alla fine della nostra analisi, ci pare fondamentale è che, per Salvemini, non era tanto importante la soluzione data a questi enormi problemi di filosofia della conoscenza storica, quanto di averli affrontati con intrepidezza, temerarietà intellettiva, insoddisfatto anelito di sempre maggiore nitidezza intellettuale, che era poi un tutt'uno con la sua latitudine morale, come apprendiamo da uno dei suoi più noti apoftegmi: «*La chiarezza è l'integrità morale della mente*»[26].

---

[24] *Op. ult. cit.*, p. 20.
[25] *Op. ult. cit.*, p. 24.
[26] *Op. ult. cit.*

Dalla metodologia storiografica dell'*Istituto di Firenze* apprese che tale metodo non solo faceva dell'analisi degli accadimenti umani una scienza positiva, ma poteva anche indirizzare la realtà comportamentale, se non addirittura coincidere con essa.

Resta dunque inteso che i suoi primi studi storici presentano una duplice connotazione: da un lato, l'adesione a quel metodo storico fiorentino, che altro non era che *positivismo storiografico,* dall'altro i giudizi umani, che sottendono un abito morale, una coscienza che indaga, dissolvendo gli steccati pregiudiziali, e partecipa alla vita del mondo.

I due elementi, "*metodo storico*" e "*giudizio umano*", necessitavano di un collante che non li facesse restar scollegati e Salvemini lo reperisce nella tendenza al discorso sociologico, nella tendenza a sentire i fatti storici in termini di tipicità della natura umana.

Ciò che sarà capace di fondere, di amalgamare l'accertamento della verità intorno ai fatti e il giudizio umano sarà, nello storico pugliese, un *materialismo storico interpretato in senso meramente causalistico,* un materialismo che si rivela per quello che serviva a Salvemini: *uno strumento puramente conoscitivo.*

Lo storico aveva scelto il materialismo storico come modalità del rapporto causa-effetto, pienamente conscio del grado di libertà e di autonomia che esiste nel lavoro storico, pur rigidamente obiettivo.

Nelle missive scambiate con Arcangelo Ghisleri, possiamo agevolmente rilevare il convincimento profondo che ogni stimolo a qualsivoglia indagine storica dovesse derivare da un problema politico attuale.

È proprio qui la "*matrice moderna*" di Salvemini storico, il *punto di sutura tra lo storico ed il politico.*

L'indagine storica – in tal senso – non serve solo a far comprendere il mondo al suo autore, ma anche a farlo comprendere. *Ecco come si compenetrano lo storico, il politico e l'educatore:* ecco come Salvemini riesce ad esprimere la sua complessa ma unitaria personalità.

Lo storico del presente doveva muoversi tra gli avvenimenti, lo storico empirista era in grado di cogliere la *contemporaneità come storia*, senza assumere toni messianici circa l'esito futuro del processo, proprio in virtù dell'assenza di una qualche filosofia della storia.

Gaetano Salvemini, come storico del presente, per oltre un cinquantennio ha cercato di tradurre, di interpretare i "*fatti*", con la sua straordinaria abilità di interpretare i minimi cambiamenti ed i significati della realtà alla quale accedeva.

Utilizzava *l'accertamento dei fatti come operazione di demistificazione della demagogia consensuale*, come è dato di intravedere dalle discussioni sui problemi libici fino alla polemica sull'Italia in orbace.

Salvemini ha tradotto i fatti nell'idioma del buon senso ed in lui il "*buon senso*" era *l'impalcatura assiologica*, il coerente e vibrante sistema dei suoi valori che, giorno dopo giorno, vivificava e corroborava con l'esperienza.

Questo metodo di giudizio lo condusse all'individuazione delle azioni come effetto di scelte di fronte a certi valori comunque significanti in ogni azione umana; lo condusse altresì ad una interpretazione che si risolse nell'individuazione di tali momenti reali, la cui conoscenza diveniva essenziale per capire come si erano svolti i fatti.

Non desiderò costruire nessun monumento storiografico, ma volle tradurre i fatti, conducendo il lettore in *quell'orizzonte di scelte etiche,* dove è difficile che non trovi ascolto e non lasci orma, dato che si parla di momenti umani la cui realtà è universalmente sentita.

Positivista, sotto l'aspetto segnatamente culturale ed ideologico, meno positivista per il concetto di scienza che fece proprio, nella convinzione che la dignità di un uomo ed anche di uno storico dipenda — in larghissima misura — dal suo relazionarsi alla realtà, al vero.

La sua scienza fu imperfetta, non offrì metodologie rigorosamente oggettive, perché «*dubbio e controversia* — sosteneva — *sono il destino dello storico e del sociologo*».

La sua professione di storico non avverrà in un asettico laboratorio, ma si risolverà in una relazione con il mondo, che sarà soprattutto un problema di scelte morali: solo l'*esigenza della scienza, che è esigenza della verità, farà germinare dalla scepsi dell'empirista,* come sostenuto da Elio Apih, la moralità, la democrazia, il progresso umano.

La storia così voluta, questa scienza imperfetta, si diluisce, fino a trasformarsi, in un valore e Salvemini lo trovò collocato accanto alla pace, alla democrazia ed alla giustizia sociale.

Sarà proprio la scienza — alla fine — il valore capace di generare tutti gli altri, come brillantemente ha fatto emergere Apih.

Ecco chi fu lo "*storico*" Salvemini: un semplificatore ed un chiarificatore, *la sintesi e la luce.*

Da quel che si è detto è chiaramente emerso che la relazione della storiografia economico-giuridica con il marxismo, fu assimilata nell'alveo della scuola storiografica.

In virtù di ciò la revisione crociana poteva essere la sola forma di marxismo compatibile con gli studi storici e questo conferma l'eccezionalità di Labriola e la singolarità di Ciccotti.

In secondo luogo, lo sforzo di accomunare, in un progetto unitario, i nuovi aquilotti del Positivismo che strizzavano l'occhio al materialismo storico secondo l'interpretazione crociana, e il tentativo di amalgamare la parte migliore della scuola di Firenze e di Pisa in un organo capace di unificare le venature classiste di Salvemini e la storia di Volpe come società in movimento, finì per non trovare alcuna concretazione effettiva.

Tra Salvemini, giunto all' idea materialistica della storia, «*innestando folgorazioni loriane*» sull'attenzione agli antagonismi di classe mutuati da Pasquale Villari, e un Volpe, alieno da una codificazione teoretica della sua "*inafferrabile*" storiografia, tutta tesa a cogliere nei secoli l'incessante movimento degli uomini, delle idee, delle istituzioni politiche ed economiche, vi erano diverse latitudini di differenza che il comune itinerario generazionale non era in grado — pur tuttavia — di dissolvere.

IL "MAESTRO" SALVEMINI

«*Masso erratico, ultimo erede di una stirpe illustre, pazzo malinconico, passerotto empirico*»: così amava definirsi.

Storico, politico, polemista: così lo hanno definito gli altri, gli addetti ai lavori.

Ma fu soprattutto un maestro. Un grande maestro. Ed all'«*incomparabile educatore di un'Italia migliore*», uno dei suoi allievi, lo studioso *Ernesto Sestan* ha dedicato bellissime pagine commemorative, nelle quali viene ricordato il "*professore*", il generoso archimandrita di tanti giovani intelletti e di tante insicure coscienze.

Vengono qui i riportati le parti più toccanti dello scritto di Sestan, *Salvemini storico e maestro,* pubblicato nella *Rivista Storica Italiana*, 70 (1958), pp. 5-43[1].

[1] E. SESTAN, "*Salvemini storico e maestro*", pubblicato nella "*Rivista Storica Italiana*", 70, fasc. 2 (1958), pp. 5-43, poi riprodotto come saggio introduttivo all'edizione einaudiana di *Magnati e popolani* nel 1960.

«*Grande maestro, per ammissione generale, anche degli avversari politici* [...] *Qui, per sapere come egli si insinuava [...] nelle anime e nelle menti, soccorrerebbero i ricordi dei suoi scolari di Messina, di Pisa, di Firenze e anche d'America. [...] Uno di quei giovani, allora, venuto a studiare a Firenze* (Sestan) *subito dopo Vittorio Veneto [...] non aveva mai sentito prima di allora il nome di Salvemini [...] perché quel giovane [...] fosse guadagnato da quel professore sconosciuto, dai piccoli occhi neri vivacissimi, dietro le lenti, calvo e barbuto, trasandato nel vestire. E non certo [...] per l'arte del dire [...] ma per la profonda serietà del dire, in cui si sentiva l'impegno di tutto il suo io, la conquista aspra e combattuta di una verità che era quella [...] senza bellurie, fronzoli, ghirigori; scandita, quasi martellata, senza creanza, se si vuole, ma nitida, cristallina, immediata, fatta sua e nostra, di noi scolari, per il modo come ce l'aveva a poco a poco scoperta e presentata.*

Non carezzava gli orecchi, no; ma conquistava la mente e anche la coscienza. [...] Era un lavacro salutare, che dissolveva poetiche illusioni e retoriche vacuità.

Alcuni non ci resistevano, specie tra le studentesse, o rimanevano impermeabili a quel lavacro. Questi non si laureavano con Salvemini. Ma i "battezzati" erano per la vita ... il suo insegnamento non assumeva mai un tono sermoneggiante di moralista. Quel suo denudare la storica verità si concludeva con un largo sorriso di buon ragazzo che sa di averla detta grossa, ma di aver detto in fondo, una grossa verità, anche se contro il conformismo delle buone maniere;

[...] Quell'ombra di malinconia nel volto tornato intenso e severo, quel tono di interiore serietà, così lontano dal facile tono discorsivo, salottiero, accendeva la simpatia, l'affetto per quest'uomo di cui tutto quello che si sapeva e si apprendeva della sua vita, delle sue lotte politiche, per il socialismo, per la scuola, per la libertà di coscienza, per l'intervento, per i confini italiani, per il Mezzogiorno, era un esempio altissimo che la più intransigente coerenza tra il pensare il dire il fare è pur possibile, se pur a prezzo di lotte e di amarezze. [...] Si può dire [...] che il cliché convenzionale di un Salvemini intrattabile, paradossale, antinazionale, Bastian contrario per vocazione, era prefabbricato da chi non lo conosceva di persona; [...] nella lezione non faceva

mai della politica attuale, nemmeno allusivamente [...] Ma poi, in realtà, parlasse di tramonto della civiltà antica o di Bianchi e di Neri, di Mazzini o di Crispi o di metodo storico, la sua lezione era una lezione di politica, nel senso che quel suo assiduo leggere i documenti della storia interpretando i motivi reali che stanno dietro al fumo delle parole, [...] era un continuo richiamo a pensare la storia nei termini della politica reale: non Firenze o il comune di Firenze, ma quel dato governo fiorentino, con quei certi uomini, esponenti di certe idee, sentimenti, interessi, palesi o mascherati con quelle certe parole.
Era tutto questo: la sua intensa personalità di uomo [...] con una fiducia illimitata, [...] nei giovani, i quali avrebbero saputo fare, per quella via, meglio di lui, anche se contrastati, anche se pochi; anzi, meglio se pochi, perché Salvemini amava trasferire sul piano morale l'idea moschiana delle élites trascinatrici; era tutto questo che faceva di Salvemini un incomparabile educatore di un'Italia migliore, un grande maestro.
Conquistava con la personalità morale, non sbalordiva con la dottrina. [...] Anche dopo trenta o quarant'anni, gli scolari di Salvemini si sentono stretti fra loro come da una tacita fraternità, che può variare [...] a seconda delle tempre individuali e delle personali inclinazioni intellettuali ed anche politiche, ma che tutti li lega nell'affetto e nella gratitudine e, ora, nella venerata memoria del Maestro, del suo esempio e del suo insegnamento civile [...]
Chi qui lo ricorda, con animo commosso [...] non può parlare che per se stesso; ma crede di non andare errato, se pensa che, negli aspri dilemmi che la vita impone e impose soprattutto in quegli anni, anche altri di quei vecchi scolari si siano trovati a pensare al Maestro lontano come allo specchio della propria coscienza, di quella buona, serena coscienza dalla quale si vorrebbe avere sempre il consenso.
Che se un pungente rammarico è rimasto, non è di essere stato al di sotto di lui nell'ordine intellettuale, ma in quell'altro ordine, più nobile, più alto, più raro, l'ordine dell'indomita fermezza del carattere, nel quale, anche più che nella storiografia, Salvemini ha una grandezza che non morrà».

Bibliografia

Opere di consultazione generale

A. ASOR ROSA, *Storia d'Italia*, Einaudi, vol. IV, *Dall'Unità ad oggi*, t. II, *La Cultura*, Torino 1975, pp. 1194-1210.

L. BASSO, *Gaetano Salvemini socialista e meridionalista*, Lacaita, Manduria 1959.

N. BOBBIO, *Maestri e compagni*, Passigli, Firenze 1984.

G. CINGARI, (a cura di), *Gaetano Salvemini tra politica e storia*, Laterza, Roma-Bari 1986.

G. DE CARO, *Gaetano Salvemini*, UTET 1970, nella collezione "La vita sociale della nuova Italia".

A. GALANTE GARRONE, *I miei maggiori*, Garzanti, Milano 1984.

A. GALANTE GARRONE, *L'ultimo Salvemini*, in "Il Ponte", agosto-settembre 1957.

G. GALASSO, *Da Mazzini a Salvemini. Il pensiero democratico nell'Italia moderna*, Le Monnier, Firenze 1974. pp. 257-272.

G. GALASSO, *La democrazia da Cattaneo a Rosselli*, Firenze 1982.

S. M. GANCI, *Gaetano Salvemini e la riforma dello stato centralizzato*, in AA.VV., *L'opera e l'eredità di Carlo Cattaneo*, (a cura di), Laicata C. G., Bologna 1976.

E. GARIN, *Tra due secoli. Socialismo e filosofia in Italia dopo l'Unità*, De Donato, Bari 1983, pp. 179-203.

E. GUASTALLA, *Salvemini e l'attualità del suo pensiero storico-sociale*, Roma 1954.

MOVIMENTO GAETANO SALVEMINI, *Gaetano Salvemini nel centenario della nascita*, Quaderni del Salvemini, n. 15, s.d., Roma 1973.

I. ORIGO, *Bisogno di testimoniare. Quattro vite: Lauro De Bosis, Ruth Draper, Gaetano Salvemini, Ignazio Silone*, Longanesi 1985, Traduzione italiana di *The man who would not conform*, dedicato a Salvemini da Iris Origo nel volume "*A need to testify*", Harcourt, Brace, Jovanovich Publishers, San Diego-New York-London, 1984.

E. RAGIONIERI, *Gaetano Salvemini storico e politico*, in "Belfagor", V, 1950.

E. ROSSI, *Il non conformista*, in "Il Mondo", 17 settembre 1957, ora riprodotto con il titolo *L'Uomo Salvemini*, in appendice al volume *Scritti Vari* dell'edizione Feltrinelli delle *Opere*, pp. 960-966

E. ROTA, *Una pagina di storia contemporanea: Gaetano Salvemini*, "Biblioteca della Nuova Rivista storica", Società editrice Dante Alighieri 1919

M. L. SALVADORI, *Il mito del buongoverno. La questione meridionale da Cavour a Gramsci*, Einaudi, Torino 1960.

M. L. SALVADORI, *Gaetano Salvemini*, Einaudi, Torino 1963

N. SAPEGNO, *Salvemini*, in "La Rivoluzione liberale", 27 agosto 1922.

E. SESTAN, *Salvemini storico e maestro*, in "Rivista storica italiana", vol. LXX, fasc. 2, 1958.

GABINETTO SCIENTIFICO LETTERARIO G. P. VIESSEUX, *Atti del Convegno su Gaetano Salvemini*, Firenze, 8-10 novembre 1975, a cura di E. SESTAN, pubblicati da Il Saggiatore, Milano 1977.

Gaetano Salvemini (Laterza, Bari, 1959), nato da un giro di conferenze promosse dall'editore e contenente saggi di E. SESTAN, A. SAITTA, R. VILLARI, E. GARIN, E. TAGLIACOZZO.

I. SILONE, *Il socialismo della povera gente*, in "Corrispondenza socialista, 1957.

P. SILVA, *Chi è Gaetano Salvemini,* Soc. anon. Ed “La Voce” 1919.

E. TAGLIACOZZO, *Gaetano Salvemini nel cinquantennio liberale*, La Nuova Italia, Firenze 1959.

E. TAGLIACOZZO e S. BUCCHI (a cura di), *Gaetano Salvemini. Socialismo Riformismo Democrazia. Antologia di scritti politici, civili, autobiografici*, Editori Laterza, gennaio 1990.

F. VENTURI, *Salvemini storico*, in “Il Ponte”, dicembre 1957.

R. VIVARELLI, *Carlo Rosselli e Gaetano Salvemini*, pubblicato in *Giustizia e Libertà nella lotta antifascista e nella storia d’Italia. Attualità dei fratelli Rosselli a quaranta anni dal loro sacrificio* (atti del convegno) con introduzione di CARLO FRANCOVICH, La Nuova Italia, Firenze 1978, pp. 69-97.

U. ZANOTTI-BIANCO, *Gaetano Salvemini e la questione meridionale. La rivoluzione dei cafoni,* testo dell’intervento tenuto a Roma alla commemorazione di Salvemini al teatro Eliseo il 9 novembre 1957, ampliato e pubblicato in volume, col titolo *Gaetano Salvemini*, dall’Associazione italiana per la Libertà della Cultura.

Opere di argomento vario consultate per la redazione dei singoli capitoli

Per la redazione del Capitolo I

AA.VV., *Il pensiero di Giovanni Gentile,* Istit. Enciclopedia Italiana, Roma 1977.

F. ADORNO, T. GREGORY, V. VERRA, *Storia della Filosofia*, Editori Laterza 1979, vol. III.

L. AMBROSOLI, *La Federazione Nazionale Insegnanti Scuola Media dalla origini al 1925*, Firenze 1967.

G. GENTILE, *Il Fascismo al Governo della Scuola*, Palermo 1924.

ID., *Il programma scolastico del dopoguerra*, Napoli 1919.

ID., *La riforma dell'educazione*, Firenze 1959.

ID., *Sommario di pedagogia come scienza filosofica*, Firenze 1962 (prima ed. 1913).

ID., *Educazione e scuola laica*, Milano 1932.

L. GEYMONAT, R. TISATO, *Filosofia e pedagogia nella storia della civiltà*, Garzanti 1965.

G. GIRALDI, *Giovanni Gentile, filosofo dell'educazione, pensatore politico e riformatore della scuola*, Armando, Roma 1968.

H. S. HARRIS, *La filosofia sociale di Giovanni Gentile*, Armando, Roma 1973.

M. LAENG, (a cura di), *I Contemporanei*, Firenze 1979.

T. M. MAZZATOSTA, *Il regime fascista tra educazione e propaganda*, Bologna 1978.

G. PECORA, *La scuola laica. Gaetano Salvemini contro i clericali*, Donzelli (collana Saggine), Roma 2015.

G. RICUPERATI, *La scuola italiana e il Fascismo*, Bologna, 1976.

Per la redazione del Capitolo II

M. ALBERTINI, *Lo Stato Nazionale,* Giuffrè, Milano 1960.

ID., *Il Federalismo. Antologia e definizione*, Il Mulino, Bologna 1979.

R. R. BOWIE-C.J. FRIEDRICH (a cura di), *Studi sul Federalismo*, Comunità, Milano 1959.

G. GALASSO, *Mezzogiorno e modernizzazione (1945-1975)*, in *La crisi italiana*, a cura di L. GRAZIANO e S. TARROW, Einaudi, Torino 1979, pp. 329-363.

A. GRAMSCI, *La questione meridionale* (1926), Editori Riuniti, Roma 1972.

R. ROMEO, *Risorgimento e capitalismo*, Laterza, Bari 1959.

M. L. SALVADORI, *Il mito del buongoverno*, Einaudi, Torino 1963.

G. TURNATURI-G. LODI, *Le classi nella società meridionale: schema d'analisi di Salvemini, Dorso, Gramsci,* in "Rassegna Italiana di Sociologia", XIV, 1973, n. 1, pp. 85-154.

Per la redazione del Capitolo III

G. BEDESCHI, *Storia del pensiero liberale*, Laterza, Roma-Bari 1992.

N. BOBBIO, *Il futuro della democrazia,* Einaudi, Torino 1984.

T. B. BOTTOMORE, *Élite e società* (1957), Il Saggiatore, Milano 1967.

L. CAVALLI, *La democrazia manipolata*, Milano 1965.

R. A. DAHL, *Poliarchia*, 1971, trad. ital. Franco Angeli, Milano 1981.

R. A. DAHL, *La democrazia e i suoi critici*, Editori Riuniti, Roma 1990.

C. F. DELZELL, *Mussolini's enemies: the Italian anti-fascist resistence*, New York, H. Fertig 1974, (trad.it.)

M. DI LALLA, *Storia del liberalismo italiano*, Forni, Bologna 1976.

J. P. DIGGINS, *Mussolini and Fascism, The view from America*, Princeton, N.J., Princeton University Press, 1972 (trad.it.).

A. DOWNS, *Teoria economica della democrazia*, Il Mulino, Bologna 1988.

D. FISICHELLA, *Lineamenti di scienza politica. Concetti, problemi, teorie*, La Nuova Italia Scientifica, Roma 1988.

C. J. FREDRICH, *Governo costituzionale e democrazia* (1950), trad. ital. Neri Pozza, Vicenza, 1960.

P. GENTILE, *L'idea liberale*, Garzanti, Milano 1958.

C. MARLETTI, *Classi ed Élites politiche: teorie ed analisi*, in *Questioni di sociologia*, La Scuola, Brescia 1966, vol. II, pp. 143-236.

G. MOSCA, *Elementi di scienza politica*, Nabu Bress, nov. 2011, (prima ediz. 1896).

G. PASQUINO (a cura di), *Manuale di scienze della politica*, Il Mulino, Bologna 1986.

S. PASSIGLI (a cura di), *Potere ed Élites politiche*, Il Mulino, Bologna 1971.

G. SARTORI, *Democrazia e definizioni*, Bologna 1957.

G. SARTORI, *Elementi di teoria politica,* Il Mulino, Bologna 1990.

M. L. SALVADORI, *L'eresia liberale*, Forni, Bologna 1979

V. ZANONE, *Il liberalismo moderno,* in *Storia delle idee politiche economiche e sociali*, a cura di L. FIRPO, VI, UTET, Torino 1972.

Per la redazione del Capitolo IV

E. ARTIFONI, *Crivellucci, Salvemini, Volpe e una rivista che non si fece. Nota in margine a una ricerca su Gaetano Salvemini storico del medioevo,* in "Annali della Fondazione Luigi Einaudi", a. XIII 1981.

ID., *Un carteggio Salvemini-Loria a proprosito di "Magnati e popolani"* (1895), in Bollettino storico-bibliografico subalpino, 1981.

A. BAUSOLA, *Filosofia e storia nel pensiero crociano*, Vita e pensiero, Milano 1965.

A. CASALI, *Storici italiani tra le due guerre. La "Nuova Rivista Storica" (1917-1943),* Guida, Napoli 1980.

I. CERVELLI, *Gioacchino Volpe*, Guida, Napoli 1977.

L. DAL PANE, *Antonio Labriola nella politica e nella cultura italiana,* Einaudi, Torino 1975.

R. FRANCHINI, *La teoria della storia di B. Croce*, Morano, Napoli 1966.

E. GARIN, *La cultura italiana tra 800 e 900. Studi e ricerche,* Laterza, Bari 1962.

M. MAZZA, intr. a E. CICCOTTI, *Il tramonto della schiavitù nel mondo antico*, Laterza, Bari 1977.

N. OTTOKAR, *Studi comunali e fiorentini*, La Nuova Italia, Firenze 1948.

S. POGGI, *Introduzione a Labriola*, Laterza, Roma-Bari 1981.

G. SASSO, *La "Storia d'Italia" di B. Croce. Cinquant'anni dopo*, Bibliopolis, Napoli 1979.

E. SERENI, *Da Marx a Lenin: la categoria di "formazione economico-sociale"*, in AA.VV., *Lenin teorico e dirigente rivoluzionario*, "Critica marxista", Quaderno 4, 1970.

A. SIGNORELLI, *Per una biografia di Ettore Ciccotti*, in "Siculorum Gymnasium", n.s., a. XXVII, n. I, Catania 1974.

V. STELLA, *Il giudizio su Croce. Momenti per una storia delle interpretazioni*, Editrice Trimestre, Pescara 1971.

C. VIOLANTE, *Gioacchino Volpe e gli studi storici su Pisa medievale*, introduzione a G. VOLPE, *Studi sulle istituzioni comunali a Pisa*, Sansoni, Firenze 1970

C. VIOLANTE, *Gioacchino Volpe: il periodo pisano (1895-1906)*, in AA.VV., *Studi e ricerche in onore di Gioacchino Volpe*, Volpe Editore, L'Aquila-Roma 1978.

R. ZANGHERI, *Antonio Labriola e la storia d'Italia*, in "Problemi della transizione", n. 8, 1981.

www.edizionipaguro.it

www.ingramcontent.com/pod-product-compliance
Ingram Content Group UK Ltd.
Pitfield, Milton Keynes, MK11 3LW, UK
UKHW041834190726
13854UKWH00002B/522